NOTICE

SUR LA VIE ET LES MÉMOIRES

DU DUC

DE SAINT-SIMON

PAR

A. CHÉRUEL

PARIS
LIBRAIRIE HACHETTE ET Cie
79, BOULEVARD SAINT-GERMAIN, 79

1876

NOTICE

SUR LA VIE ET LES MÉMOIRES

DU DUC

DE SAINT-SIMON

PARIS. — TYPOGRAPHIE LAHURE
Rue de Fleurus, 9

NOTICE

SUR LA VIE ET LES MÉMOIRES

DU DUC

DE SAINT-SIMON

PAR

A. CHÉRUEL

PARIS
LIBRAIRIE HACHETTE ET Cie
79, BOULEVARD SAINT-GERMAIN, 79

1876

NOTICE

SUR LA VIE ET LES MÉMOIRES

DE SAINT-SIMON

I

FAMILLE ET ÉDUCATION DE SAINT-SIMON

But et division de cette notice. — Maison de Rouvroy Saint-Simon. — Branche de Rasse. — Claude de Rouvroy, premier duc de Saint-Simon; son rôle pendant la Fronde. — Naissance, baptême et éducation de Louis de Saint-Simon, auteur des *Mémoires* (1675-1691). — Il entre dans les mousquetaires (1691). — État de la cour et de la France à cette époque.

Le génie de Saint-Simon n'est pas contesté : malgré les bizarreries et les incorrections de son style, l'auteur des *Mémoires* est classé, à bon droit, parmi les grands écrivains de la France. La notice de Sainte-Beuve, placée en tête de notre édition de 1856, a mis en relief les mérites littéraires de l'œuvre; mais il reste à examiner quelle en est la valeur historique. On a accusé Saint-Simon de partialité et même de mauvaise foi; on a prétendu qu'irrité de sa nullité politique à la cour de Louis XIV, il avait voulu se venger par des calomnies posthumes. Pour apprécier de pareilles accusations, il faut descendre dans les détails de la vie de l'auteur, se rendre compte des influences qui ont agi sur lui, de son éducation, de ses relations de famille, d'intérêts et d'amitié, de ses opinions religieuses, et surtout de la manière dont il a composé ses *Mémoires* et des sources où il a puisé ses renseignements. Tel est le but de cette notice, et telle sera la division de notre sujet : nous étudierons d'abord la famille et la vie de Saint-Simon, et ensuite la préparation et la composition de son grand ouvrage.

La maison de Rouvroy Saint-Simon, d'où sortait notre duc de Saint-Simon, était ancienne : elle prétendait même remonter jusqu'à Charlemagne par une alliance avec les comtes de Vermandois. Dans une généalogie des ducs et pairs qui parut au commencement de la régence de Philippe d'Orléans, elle est présentée comme une des plus anciennes de la France : « Nous avons à la cour, dit l'auteur anonyme, peu de maisons aussi anciennes que celle de Saint-Simon, qui tire son origine d'Olivier de Rouvroy, chevalier et vivant en 1060, sous Henri Ier. Henri de Rouvroy, chevalier banneret, suivit Philippe-Auguste à la conquête de la Normandie sur le roi d'Angleterre, en 1202. Quatre de ses descendants furent vice-rois de Navarre. Environ l'an 1334, Mathieu de Rouvroy épousa Marguerite de Saint-Simon, héritière de cette maison, à la charge de porter le nom et les armes de Saint-Simon. Cette [dernière] maison étoit extraite du sang impérial de Charlemagne par les comtes de Vermandois et les rois d'Italie[1]. »

Ces prétentions hautaines n'étaient pas admises sans contestation : les adversaires des ducs[2] soutenaient qu'il n'y avait pas de *plus mince noblesse* que celle de Saint-Simon. Notre intention n'est pas d'insister sur ces discussions, qui vraiment ne tiennent de près à notre sujet que

1. Ce mémoire sur les ducs a été publié dans le *Recueil A-Z* (Fontenoy-Paris-Bruxelles, 1745-1762), tome C, p. 73-74. Ce recueil contient des mélanges, pour la plupart historiques, sur les trois derniers siècles.

2. Voyez dans le même *Recueil*, tome A, p. 207-218, un mémoire où l'on attaque les familles des ducs.

parce qu'elles expliquent un des traits dominants du caractère de notre auteur, sa morgue aristocratique. Nous nous bornerons à signaler ce fait remarquable, que, pendant trois siècles, du dix-septième au dix-neuvième, la maison de Rouvroy Saint-Simon a produit des esprits originaux, puissants, mais d'une tendance paradoxale fortement marquée.

Les Rouvroy tiraient leur nom patronymique d'une des quatre localités de même dénomination qui se trouvent dans le département de l'Aisne, au centre de l'ancien Vermandois[1]. Une famille de Rouvroy, qui subsistait encore au temps de Louis XIV et tenait un bon rang à la cour, dans les armées, ou, par delà les monts, en Savoie, prétendait prouver authentiquement sa filiation jusqu'au dixième siècle, et même se rattacher par les mâles à Jean Ier de Vermandois ; c'est à cette famille que l'on attribuait les vice-rois de Navarre et autres personnages dont parle le factum cité tout à l'heure. Mais Saint-Simon avouera lui-même que la filiation de ses ancêtres n'était pas prouvée aussi haut, et que leur origine commune avec ces Rouvroy restait tout au moins incertaine. De fait, le plus ancien qui fût authentiquement connu vivait au quatorzième siècle : c'est Mathieu de Rouvroy, dit le Borgne, premier du nom, qui épousa, vers 1332, la dame de Saint-Simon, descendante, disait-on, des comtes de Vermandois. Saint-Simon était une localité du même pays que Rouvroy[2] et fut plus tard, en 1635, le siége de la duché-pairie érigée en faveur du père de l'auteur des *Mémoires*. Les Rouvroy, devenus ainsi Saint-Simon, se divisèrent, par la suite, en quatre branches principales, que nous retrouvons encore toutes au dix-septième siècle : la branche aînée des marquis de Saint-Simon, et les branches

1. Rouvroy, village de deux cent neuf habitants (en 1861), situé dans le canton de Saint-Quentin, à quatre kilomètres de cette ville, près de la Somme.

2. Saint-Simon, bourg de six cents habitants et chef-lieu de canton, situé à seize kilomètres de Saint-Quentin, sur le canal de Crozat. Le château actuel a pour propriétaire M. Hugues.

cadettes de Montbléru, de Sandricourt et de Rasse[1]. A la branche aînée se rattachent plusieurs personnages qui figurent dans les *Mémoires de Saint-Simon*, tels que Eustache-Titus et deux de ses fils : Henri de Saint-Simon, qui accompagna le duc dans son ambassade d'Espagne ; Claude de Saint-Simon, qui devint évêque de Metz, et auquel notre auteur légua ses manuscrits. Ce prélat, qui mourut en 1760, fut le dernier représentant mâle de la branche aînée. Il ne resta, après sa mort, qu'une fille de Henri de Saint-Simon, nommée Blanche-Marie-Élisabeth ; elle épousa un de ses cousins, Balthazar-Henri, de la branche de Sandricourt, et de leur mariage naquit, en 1760, Claude-Henri, comte de Saint-Simon, chef de la secte saint-simonienne. Ainsi le réformateur social et religieux dont le génie paradoxal a fait tant de bruit au dix-neuvième siècle, se rattachait à deux branches de la maison de Saint-Simon, à la branche aînée et à la branche de Sandricourt.

La branche de Montbléru est mentionnée rarement dans les *Mémoires*. C'est à elle qu'appartient celui à qui nous devons de les avoir enfin sous leur vraie forme : Henri-Jean-Victor de Rouvroy, marquis de Saint-Simon. Il était né en 1782, fut nommé pair en 1819, lieutenant général en 1841, sénateur de l'Empire en 1852, avec le titre de duc, qu'il avait relevé d'un oncle à qui le roi d'Espagne Ferdinand VII l'avait conféré, et mourut en 1865. Ce fut lui qui, après avoir rendu d'importants services à Louis XVIII, en obtint, pour employer ses expressions, la *délivrance d'un prisonnier d'État*. Les volumes autographes des *Mémoires de Saint-Simon*, enlevés aux héritiers et déposés, par ordre de Louis XV, aux archives des Affaires étrangères, furent remis au général après de longues luttes[2] : il fallut près de dix années (1819-1828)

1. Je ne parle pas de la branche de Grumesnil, qui était éteinte à l'époque de la naissance de l'auteur des *Mémoires*.

2. On trouvera le récit de ces luttes dans l'intéressant livre de M. Baschet intitulé : *Le duc de Saint-Simon, son cabinet, et l'historique de ses manuscrits*. Cet ouvrage, qui s'appuie sur des documents originaux et authentiques, nous a été fort utile pour la biographie de Saint-Simon.

pour que l'ordre de Louis XVIII eût son plein et entier effet. Devenu maître enfin du précieux manuscrit, le général de Saint-Simon en donna la première édition authentique (1829-1830). Trente ans après, au mois d'avril 1860, il vendit le manuscrit à M. Charles Lahure, imprimeur, qui, à son tour, le céda à MM. Hachette, en avril 1863.

La troisième branche de la maison de Saint-Simon, celle de Sandricourt, se brouilla avec l'auteur des *Mémoires* à l'occasion du mariage d'un de ses membres, Louis-François de Rouvroy Saint-Simon, marquis de Sandricourt. Le duc de Saint-Simon n'a fait aucune mention des fils de celui-ci, qu'il avait cependant connus dans sa vieillesse. Il est vrai que ces Sandricourt ne se signalèrent que vers la seconde moitié du dix-huitième siècle. Ils se nommaient : Maximilien-Henri, Balthazar-Henri et Charles-François. Le premier a publié divers écrits historiques et scientifiques[1] ; le second, Balthazar-Henri, fut le père du chef des saint-simoniens, comme on l'a vu plus haut ; enfin le troisième, Charles-François, embrassa l'état ecclésiastique, fut grand vicaire de son parent l'évêque de Metz, et devint lui-même évêque d'Agde, en 1759. Dans son enfance, il avait vu l'auteur des *Mémoires*, et il disait de lui : « A plus de quatre-vingts ans, son esprit était comme à quarante, et sa conversation enchanteresse. » L'évêque d'Agde fut une des victimes de la Révolution : il monta sur l'échafaud le 25 juillet 1794, avant-veille du 9 thermidor.

Nous n'insisterons pas plus longtemps sur ces branches collatérales de la maison de Saint-Simon, qui n'ont qu'un rapport indirect avec notre sujet[2]. Nous devons surtout

1. Maximilien-Henri de Saint-Simon Sandricourt, marquis de Saint-Simon, né en 1720, mort en 1799. Il a publié un traité *des Jacinthes, de leur anatomie, reproduction et culture* (Amsterdam, 1768) ; une *Histoire de la guerre des Alpes de* 1744, et d'autres ouvrages économiques ou historiques.

2. On trouvera, en tête de l'*Appendice* du tome I de la nouvelle édition, un tableau généalogique de toutes les branches de la maison de Rouvroy Saint-Simon.

nous attacher à la branche de Rasse et à Louis de Saint-Simon, qui l'a illustrée par ses écrits.

Cette quatrième branche tirait son nom de la terre de Rasse, située près de Douai, qui venait de Jeanne de Haveskerque, mariée au second fils de Mathieu le Borgne[1]. Elle était dans une condition secondaire ou même inférieure[2], lorsque Louis XIII la releva. Ce roi avait parmi ses écuyers le jeune Claude de Saint-Simon Rasse, qui, par une certaine adresse à lui présenter les chevaux qu'il devait monter, devint son favori, fut nommé premier écuyer de la petite écurie, et créé duc et pair de France en 1635. Il avait, dès 1630, le gouvernement de Blaye; longtemps après, à la mort de son frère aîné, Charles de Saint-Simon, en 1690, il obtint les charges de gouverneur et bailli de Senlis, et les capitaineries de la ville de Pont-Sainte-Maxence et du château de Fécamp. Si l'on en croyait le témoignage de son fils[3], il aurait reçu de Louis XIII mourant la charge de grand écuyer, que les perfides menées de Chavigny, d'Anne d'Autriche et de Mazarin lui auraient enlevée. Ce récit, que l'auteur des *Mémoires* tenait probablement de son père, mais que rien ne confirme jusqu'ici, nous paraît peu vraisemblable.

Des documents authentiques permettent de faire connaître la conduite de Claude de Saint-Simon pendant la Fronde. Ce sont des lettres écrites par lui à Chavigny, en 1649, que l'on trouvera à la suite de cette notice[4], et d'où l'on pourrait conclure qu'il était resté l'ami du secrétaire d'État de qui il prétendait avoir tant à se plain-

1. Dans la suite, on transféra le même nom de Rasse au fief de Saint-Louis à la Rochelle, que Louis XIII avait accordé à Claude de Saint-Simon.

2. Saint-Simon dit (tome I, p. 50 [a]) qu'elle était tombée dans la pauvreté et l'obscurité; mais cela ne ressort point de la généalogie des prédécesseurs de Claude de Saint-Simon, qui eurent tous, à la cour et dans les armées, une position honorable, en rapport avec leur origine.

3. *Mémoires*, tome I, p. 67. — 4. Voyez l'appendice n° I.

[a] Je me servirai toujours, dans cette notice, de l'édition que j'ai publiée en 1856-1858 (20 volumes in-8°).

dre, si l'on ne savait combien parfois ont peu de sens les formules de politesse les plus humbles et les plus expressives. Il ne se résignait pas facilement à n'être que gouverneur de Blaye, et il avait espéré, à la faveur des troubles, jouer un rôle important en s'unissant avec Chavigny et avec la cabale des Princes pour renverser Mazarin. Aussi, lorsque le Cardinal, qui surveillait les menées de cette faction, se résolut à frapper un coup décisif et fit arrêter, le 18 janvier 1650, le prince de Condé, son frère le prince de Conti et son beau-frère le duc de Longueville, Claude de Saint-Simon s'enfuit précipitamment de Paris et alla s'enfermer dans sa citadelle de Blaye. Il écrivit de là à Mazarin pour lui offrir son épée. Le Cardinal, parfaitement informé des causes de sa fuite, lui répondit avec ironie, le 26 janvier : « Vous pouviez changer la forme de ce départ, et particulièrement dans la conjoncture présente, où il a donné matière au peuple de faire diverses spéculations et de craindre de mauvaises suites de la sortie de la cour d'une personne de votre qualité, sans avoir pris congé de Leurs Majestés. »

Claude de Saint-Simon se trouva alors dans l'embarras que produit toujours une conduite équivoque : suspect à la cour, il fut accusé de trahison par le parti des Princes, lorsqu'il refusa de leur livrer Blaye. La princesse de Condé, Claire-Clémence de Maillé-Brezé, le somma d'exécuter la promesse qu'elle prétendit qu'il avait faite à son mari et à ses beaux-frères : le duc soutint qu'il n'avait jamais pris d'engagement avec ce parti, et il lui ferma les portes de Blaye[1]. J'insiste sur ce point parce que l'auteur des *Mémoires*, acceptant avec une confiance aveugle les récits de son père, n'a rien dit de ses relations avec le parti de la Fronde, et l'a présenté comme un modèle de fidélité à la cause royale. D'ailleurs l'amertume de l'ambitieux courtisan, déçu dans ses dernières espé-

1. Voyez les *Mémoires de Pierre Lenet* et ceux *du duc de la Rochefoucauld*, à l'année 1651, ainsi que les pièces que j'ai publiées dans l'ouvrage intitulé *Saint-Simon historien de Louis XIV*, p. 253 et suivantes.

rances, n'a pas été sans action sur l'humeur chagrine et l'esprit caustique de son fils.

Claude de Saint-Simon ne revint à la cour qu'après la fin des troubles. Il perdit, en 1670, sa première femme, Diane-Henriette de Budos, dont il ne lui restait qu'une fille, Louise de Saint-Simon, qui avait épousé le duc de Brissac et mourut, en 1684, sans postérité. A l'âge de soixante-six ans, Claude de Saint-Simon contracta un second mariage, le 17 octobre 1672, avec Charlotte de l'Aubespine[1]. Il habitait alors, rue Saint-Père[2] (aujourd'hui rue des Saints-Pères), un hôtel situé en face de la rue Taranne[3], et qui porta jusqu'en 1715 le nom d'Hôtel de Saint-Simon[4]. C'est là que naquit, dans la nuit du 15

1. M. Jal, dans son *Dictionnaire critique*, article SIMON (SAINT-), a donné l'acte de ce mariage d'après les registres, aujourd'hui détruits, de la paroisse Saint-Paul. Il est contracté entre « Messire Claude de Saint-Simon, duc et pair de France, chevalier des ordres du Roi, gouverneur des ville, château et comté de Blaye, vidame de Chartres, seigneur de la Ferté-Renault (lisez *Arnault*) et autres lieux, veuf de dame Henriette de Budos, marquise de la Porte (lisez *de Portes*), de la paroisse Saint-Sulpice, et très-noble damoiselle Charlotte de l'Aubespine de Châteauneuf, âgée de vingt-sept ans, fille de défunt haut et puissant seigneur François de l'Aubespine, marquis de Hauterne (lisez *Hauterive*) et Châteauneuf, etc. » Claude de Saint-Simon avait près de quarante ans de plus que sa seconde femme.

2. Le nom de *Saint-Père*, donné à cette rue, venait d'une chapelle Saint-Père ou Saint-Pierre, qui occupait l'emplacement où fut construite plus tard l'église des frères de la Charité, maintenant l'Académie de médecine.

3. Piganiol de la Force, dans sa *Description de Paris* (tome VII, p. 285, de l'édition de 1742, in-12), s'exprime ainsi : « En face de la rue Taranne est l'Hôtel de la Force, autrefois l'*Hôtel de Saint-Simon*, mais que le duc de la Force, dernier mort, acheta en 1715. Il y a environ cinquante ans que cette maison passoit pour belle, mais à présent elle n'est distinguée que par son emplacement. » Lefeuve, dans son ouvrage des *Anciennes maisons de Paris* (n° 45, p. 13), dit que l'hôtel de la rue des Saints-Pères, n° 48, ancien séjour de l'auteur des *Mémoires*, fut occupé par un la Rochefoucauld avant d'être acquis par le duc de la Force.

4. M. Ernest Gallien, à qui l'on doit de curieuses recherches sur le duc de Saint-Simon, publiées dans la *Gazette des tribunaux* (19 et 26 septembre, 1er, 6-7 octobre 1856, 16 et 20 octobre 1858), a conjecturé, avec une très-grande vraisemblance, d'après l'indication donnée par Piganiol, que la maison où naquit Saint-Simon est celle qui porte

au 16 janvier 1675, Louis de Saint-Simon, auteur des *Mémoires*.

Louis de Saint-Simon fut ondoyé dès le jour même de sa naissance, par un prêtre de Saint-Sulpice[1]. On différa le baptême jusqu'au 29 juin 1677; à cette époque, il fut célébré à Versailles, dans la chapelle du château. Le parrain et la marraine furent le roi et la reine de France, Louis XIV et Marie-Thérèse[2]. Le cardinal de Bouillon,

maintenant le nº 48 de la rue des Saints-Pères. Si Abraham du Pradel, dans les *Adresses de la ville de Paris pour* 1692 (p. 64), mentionnant le duc Claude de Saint-Simon dans la liste des *fameux curieux des ouvrages magnifiques*, indique son adresse rue Taranne, on ne peut douter qu'il ait voulu désigner ainsi la maison faisant face à cette rue. Ce qui prouve bien que les deux adresses de la rue Taranne et de la rue des Saints-Pères sont identiques, c'est que l'*Almanach royal* de 1722 dit, en un endroit, que le duc de la Force loge rue Taranne; en un autre, rue des Saints-Pères. Saint-Simon marque lui-même, dans ses *Mémoires* (tome IV, p. 122), que son père, et lui après son père, ont demeuré toute leur vie « auprès de la Charité. » Cela s'applique surtout à son premier logis de la rue des Saints-Pères, et assez bien encore au second, de la rue Saint-Dominique (voyez ci-après, p. LVII). Dans le testament du père, l'adresse est rue Taranne; dans son acte de décès, rue Saint-Père.

1. M. Gallien a tiré du registre des baptêmes faits à Saint-Sulpice en 1675 l'acte suivant : « Le seizième jour de janvier 1675, a été ondoyé, par permission expresse de Monseigneur l'Archevêque, le fils de haut et puissant seigneur Messire Claude duc de Saint-Simon, pair de France, chevalier des ordres du Roi et gouverneur des ville, château et comté de Blaye, et de dame Charlotte de l'Aubespine, sa femme. Ledit enfant est né cejourd'hui. *Signé :* LE DUC DE SAINT-SIMON. »

On voit par l'acte de baptême, cité à la note suivante, que Saint-Simon avait été ondoyé dans la maison de son père.

2. M. Gallien et M. Jal ont publié, le premier intégralement et le second par extraits, l'acte de baptême de Louis de Saint-Simon. Voici la transcription de l'acte faite par M. Gallien, d'après les registres de l'église paroissiale de Saint-Julien :

« LOUIS DE SAINT-SIMON, fils de haut et puissant seigneur Messire Claude duc de Saint-Simon, pair de France, etc. (énumération des titres comme ci-dessus), et de dame Charlotte de l'Aubespine, sa femme, né le seizième janvier mil six cent soixante et quinze, ayant été baptisé à la maison ce susdit jour et an que dessus, par permission de Monseigneur l'archevêque de Paris, par Messieurs de Saint-Sulpice, suivant le certificat de Monsieur le curé de ladite paroisse, du huitième juin 1677, grand aumônier de France, suppléa les cérémonies du sacrement. N'est-il pas curieux de voir placés auprès du berceau de Louis de Saint-Simon, comme ses patrons spirituels, ce monarque et ce prince de l'Église qu'il devait traiter un jour avec une impitoyable rigueur?

L'éducation du jeune Saint-Simon, que l'on appelait le vidame de Chartres, fut dirigée avec vigilance et sévérité. A l'âge de sept ans, il passa, suivant l'ancienne tradition des familles nobles, sous la discipline d'un gentilhomme, d'un « homme de mérite, » comme il nous l'apprend dans un passage de ses *Mémoires*[1], où il raconte les aventures de son ancien gouverneur à la bataille de Nerwinden. Je dois à la bienveillance de M. le baron Jérôme Pichon, président de la Société des Bibliophiles, communication d'un mémoire[2] où ce gouverneur adresse au jeune Saint-Simon, alors âgé d'un peu plus de huit ans, des conseils rédigés dans un style ferme, élevé et d'une grande précision. Est-ce l'œuvre du gouverneur seul? Le P. Sanadon[3], jésuite, auquel avait été confiée la direction religieuse de l'enfant, y a-t-il mis la main? J'inclinerais pour cette dernière opinion.

les cérémonies du baptême lui ont été suppléées cejourd'hui vingt et neuvième du présent mois de juin 1677, par Monseigneur l'éminentissime cardinal de Bouillon, grand aumônier de France, dans la chapelle du château de Versailles. Le parrain et marraine ont été Leurs Majestés, qui ont bien voulu signer. Le tout fait en présence de moi sousnommé, supérieur de la congrégation de la Mission de Versailles et curé dudit lieu.

« *Signé :* Louis.	Le duc de Saint-Simon.
Marie-Térèse.	Charlotte de l'Aubespine.
	N. Thibault. »

1. Tome I, p. 97. Il n'indique pas le nom de ce gouverneur.

2. Ce mémoire, de vingt feuilles in-8°, venant en dernier lieu de la bibliothèque de M. le baron Pichon, doit être publié prochainement pour la Société des Bibliophiles.

3. Il y eut deux jésuites de ce nom, l'oncle et le neveu, tous deux nés à Rouen. Le premier, Nicolas Sanadon, a laissé quelques ouvrages de piété et est mort en 1720. Le second, Noël-Étienne, est surtout connu par sa traduction d'Horace; il était né en 1676 et mourut en 1733. Ce fut Nicolas Sanadon qui dirigea l'éducation religieuse de Saint-Simon.

Quoi qu'il en soit, l'œuvre est remarquable et nous fait connaître l'esprit qui a présidé à l'éducation de Saint-Simon. A l'occasion de la fête de son jeune élève, le gouverneur lui rappelle ses devoirs envers Dieu, envers le Roi, qui personnifie la patrie, envers ses parents, dont cet écrit exalte le mérite, envers soi-même et ses compagnons, dont il doit savoir apprécier les qualités et louer les succès. Les défauts du jeune Saint-Simon, ses accès de colère, sa paresse, sa négligence dans l'étude de la langue latine, ne sont pas épargnés. Pour le corriger, on lui impose chaque semaine une sorte d'examen de conscience[1]. Il doit consigner par écrit ses fautes ; il en subira la punition, ou sera récompensé de ses progrès.

Cette éducation sévère eut des résultats d'autant plus heureux, que le père et la mère de Saint-Simon ne cessaient de la surveiller avec une intelligente sollicitude. Les entretiens de Claude de Saint-Simon laissèrent dans l'esprit de son fils une empreinte profonde, que l'on retrouve dans ses *Mémoires* et dans toute sa vie. Il gagna, tout particulièrement, aux enseignements paternels, un vif sentiment de respect et d'affection pour le roi bienfaiteur de sa famille. Il portait constamment au doigt une bague avec un portrait en miniature de Louis XIII, entouré de diamants ; jusqu'à sa mort, il entretint dans la chapelle de la Ferté une lampe allumée devant la statue de ce roi, et il n'avait pas un appartement, à la ville ou à la campagne, où ne fût son portrait. Toutes les fois qu'il en parle dans ses *Mémoires*, c'est avec une inaltérable reconnaissance et

1. On voit, par les *Mémoires de Jean Rou* (tome I, p. 135 et suivantes), qu'il était d'usage d'exiger des jeunes gens de la plus haute naissance cette sorte d'examen de conscience. Parlant de questions posées au Dauphin, fils de Louis XIV, par M. de Montausier : « Ces préceptes ou méditations, dit Jean Rou, étoient conçus en forme de questions ou d'examen de soi-même, qu'on fait faire au jeune prince de l'éducation duquel il s'agit. » Nous ne parlons pas de l'*Examen de conscience*, composé par Fénelon pour le duc de Bourgogne (voyez au tome XXII des *Œuvres de Fénelon*, éd. Lebel, p. 263-305) : il roule, non sur les devoirs actuels de l'élève, mais, en vue de l'avenir, sur ceux de la royauté.

une émotion profonde, qu'il aime à rattacher au souvenir de son père. « Jamais, dit-il[1], *mon père* ne se consola de la mort de Louis XIII; jamais il n'en parla que les larmes aux yeux; jamais il ne le nomma que le roi son maître; jamais il ne manqua d'aller à Saint-Denis, à son service, tous les ans, le 14 mai, et d'en faire faire un solennel à Blaye, lorsqu'il s'y trouvoit dans ce temps-là. C'étoit la vénération, la reconnoissance, la tendresse même, qui s'exprimoit par sa bouche toutes les fois qu'il parloit de lui, et il triomphoit quand il s'étendoit sur ses exploits personnels et sur ses vertus. »

Il semble voir le fils suspendu aux lèvres du père et buvant avidement les éloges que le vieux favori prodiguait à son maître vénéré. Jusqu'à la fin de sa vie, Louis de Saint-Simon ne cessa d'exprimer sa gratitude pour l'auguste protecteur de son père : « Je laisse, dit un article de son testament, je laisse à ma fille, la princesse de Chimay, la bague d'un rubis où est gravé le portrait de Louis XIII, que je porte à mon doigt depuis plus de cinquante ans, une autre bague de composition où est le même portrait, les pièces de monnaie de Warin et les médailles que j'ai de ce grand et juste prince, qui à jamais nous doit être si cher. »

En entendant son père vanter les vertus et l'héroïsme de son bienfaiteur, le jeune Saint-Simon s'était fait un idéal de souverain juste, brave et pur au milieu des séductions du pouvoir. Combien la réalité lui parut différente de ce modèle! Lorsqu'en arrivant à la cour, il vit Louis XIV entouré de ses bâtards, il dut se rappeler la chasteté de Louis XIII, que souvent on lui avait vantée[2]. Le souvenir du Pas-de-Suze et du courage qu'y avait montré Louis XIII contrastait avec certaine retraite précipitée de son successeur, sur laquelle Saint-Simon insiste plusieurs fois dans ses *Mémoires*[3].

Le vieux courtisan avait des haines non moins ardentes

1. *Mémoires*, tome I, p. 84. — 2. *Ibidem*, p. 57-58.
3. *Ibidem*, p. 86-87, et tome XII, p. 395.

que ses admirations, et il les a transmises à son fils. On retrouve dans les *Mémoires* l'antipathie profonde du père contre Mazarin[1], antipathie qui s'étendait jusqu'à la reine Anne d'Autriche; une prévention invétérée contre les secrétaires d'État, contre les maisons de Bouillon, de Lorraine, de Rohan, et, en général, contre les familles princières qui prétendaient à un rang supérieur à celui des ducs.

Même au point de vue de la langue, Claude de Saint-Simon a dû exercer une grande action sur son fils. Bien que celui-ci écrive en plein dix-huitième siècle, lorsque déjà ont paru les *Lettres persanes*, la *Grandeur et décadence des Romains*, *l'Esprit des lois* de Montesquieu, les *Lettres anglaises* et bien d'autres ouvrages de Voltaire, il n'a rien du style de ses contemporains. Il faut remonter jusqu'au commencement du dix-septième siècle pour trouver des exemples de cette langue nerveuse et incorrecte, hardie et colorée, tour à tour saccadée et traînante. Elle appartient, avant tout, au tour d'esprit, au génie propre de Louis de Saint-Simon; mais l'exemple paternel a eu là certainement sa part d'influence. Claude de Saint-Simon écrivait avec une précision, une force et une clarté, dont les modèles se rencontrent bien rarement à la cour de Louis XIII. Ses lettres présentent souvent les formes de langage que l'on retrouve chez son fils. Pour ne parler que d'un usage en particulier, c'est de lui, sans aucun doute, que vient à notre auteur l'emploi fréquent des termes de vénerie. Le jeune vidame n'avait pas la passion de la chasse; on n'en voit aucune trace dans ses écrits : il était trop occupé d'étudier et de peindre la cour pour se livrer à de pareils plaisirs. Son père, au contraire, grand louvetier de France, avait accompagné Louis XIII dans ses chasses, et c'était là même qu'il avait gagné sa faveur. Il n'est donc pas étonnant que sa langue fût émaillée de termes techniques, que son fils a fidèlement retenus et qu'il emploie, tantôt au sens propre, tantôt au figuré.

1. Voyez l'appendice n° I.

Ce fut encore dans les entretiens où le vieux duc jugeait avec une liberté et une pénétration naturellement peu indulgentes les hommes et les choses de son temps, que se développèrent et se perfectionnèrent les qualités d'observation sagace et malveillante de son fils. Fort jeune encore, s'il a bien daté ses souvenirs, il montrait cette disposition de caractère et d'esprit : il n'avait que onze ans lorsque le duc de la Feuillade fit la dédicace de la statue de Louis XIV sur la place des Victoires, « où j'étois, » écrivait-il plus tard[1], et déjà il étudiait l'attitude du Roi. Il parle avec indignation de cette « païenne dédicace où il (*le Roi*) prit un plaisir si exquis. » Il est permis de supposer que l'expérience et la causticité du père sont venues alors en aide à la précocité de cet observateur de onze ans; mais l'impulsion était donnée et devait produire un durable effet. C'est aussi dans ces années de jeunesse qu'il rédigeait, sur les récits de son père, certains épisodes du règne de Louis XIII, tels que l'*Affaire du Pas-de-Suze* et la *Journée des Dupes*[2]. A quinze ans, en 1690, il écrivait pour sa mère la narration des funérailles de la dauphine de Bavière[3]. On remarque déjà dans ce morceau un soin minutieux à noter les moindres détails du cérémonial. Enfin il n'avait que seize ans à la mort de Louvois, et il observe attentivement les paroles et les ges-

1. *Mémoires*, tome XII, p. 407. Cette dédicace eut lieu en 1686, et Louis de Saint-Simon était né en 1675.

2. Ces essais du futur historien ont été publiés dans la *Revue des Deux Mondes* du 15 novembre 1834, p. 408-427. M. Édouard Fournier les a reproduits dans ses *Variétés historiques et littéraires* (tome IX, p. 309-335) ; nous les donnons à l'*Appendice* du tome I. M. le duc de Noailles (*Histoire de Mme de Maintenon*, tome I, p. 288, note 1) dit qu' « il existe aux Affaires étrangères un volume in-folio, écrit de la main du duc de Saint-Simon, intitulé *Parallèle entre Henri IV, Louis XIII et Louis XIV*, ouvrage dans lequel l'auteur place Louis XIII infiniment au-dessus des deux autres. »

3. Ce récit, communiqué par M. de Boislisle pour l'édition des *Mémoires* publiée en 1873-1875, trouvera également sa place à l'*Appendice* du tome I. Le nom de Louis XIII y revient plusieurs fois, et toujours accompagné de ces mots : *de triomphante mémoire.*

tes du Roi, qui semblait soulagé par la mort de son ministre[1].

Louis de Saint-Simon montra plus de goût pour l'histoire que pour apprendre les langues anciennes et les sciences. Lui-même le dit dans ses *Mémoires*[2], et regrette de n'avoir pas consacré à cette étude préférée le temps qu'on lui fit perdre en l'appliquant aux sciences. Il s'en dédommageait par la lecture des ouvrages relatifs à l'histoire de France, et surtout des mémoires depuis François Ier. Il n'est pas sans intérêt de rechercher quels furent les principaux ouvrages qui servirent d'aliment et de modèle à cet ardent esprit, pendant les années de sa jeunesse. On possédait déjà, en 1691, les mémoires de la Trémoille, de Martin du Bellay et de Saulx-Tavannes, de Blaise de Monluc, de François de Rabutin, du baron de Villars, les *Commentaires* de Pierre de la Place et les *Histoires* de Regnier de la Planche, les mémoires de Castelnau avec les additions de Jean le Laboureur, les mémoires de la Noue, de Nevers, de Sully, de Cheverny, les *Choses mémorables* de la Ligue par Simon Goulart, les lettres du cardinal d'Ossat, dont Saint-Simon parle plusieurs fois avec éloge, l'histoire du président de Thou, les petits mémoires de Condé, les *Négociations* du président Jeannin, la *Chronologie* de Palma Cayet, les *Mémoires d'État* du duc d'Estrées, la vie du duc d'Épernon, les mémoires du duc de Rohan, de Bassompierre, de Gaston d'Orléans, de Beauvais-Nangis et de Montrésor, le *Journal* du cardinal de Richelieu, les mémoires de la Rochefoucauld, la vie du duc de Bouillon, celles des maréchaux de Gassion et de Guébriant, les *Mémoires secrets* et le *Mercure* de Vittorio Siri, les *Commentaires* latins de Priolo, etc. Il est probable que les recueils des du Chesne, des d'Hozier, des Godefroy n'avaient pas non plus échappé à la curiosité du jeune vidame.

Des détails qui précèdent on peut légitimement conclure que Saint-Simon s'est surtout formé par la lecture et par les entretiens de son père et de sa mère; les leçons

1. *Mémoires*, tome XII, p. 419 et 420. — 2. Tome I, p. 2.

des maîtres n'eurent probablement que peu d'influence sur son esprit. Cependant il poussa assez loin l'étude du latin pour avoir pu, à l'époque de son ambassade d'Espagne, s'entretenir dans cette langue avec un évêque espagnol. Il ne négligea pas les langues vivantes, si peu pratiquées alors : il apprit l'allemand de manière à le parler dans ses campagnes sur les bords du Rhin. Son éducation religieuse, confiée, nous l'avons dit, au P. Sanadon, fut dirigée avec soin ; Saint-Simon parle de lui avec respect et reconnaissance[1]. Il dit aussi qu'il voyait quelquefois le célèbre P. Malebranche, de l'Oratoire, qui voulait bien se mêler de ses études[2]. Sa mère, Charlotte de l'Aubespine, dont il loue la vertu, le bon sens et l'esprit, ne cessait de travailler à lui élever le courage et à lui inspirer des sentiments d'honneur et de religion. Enfin il reçut le complément de son éducation dans les écoles appelées académies, où la jeune noblesse était formée à l'équitation et aux exercices militaires, en même temps qu'elle continuait l'étude des sciences.

Le vidame avait à peine dix-sept ans lorsque, en 1691, son père le présenta à Louis XIV et demanda à ce prince de le faire entrer dans les mousquetaires. Après quelques observations sur son âge et son apparence délicate, le Roi consentit à l'admettre dans la compagnie des mousquetaires gris, où il servit pendant un an, de 1691 à 1692.

Pour ne négliger aucune des influences qui ont agi sur le jeune Saint-Simon, il faut rappeler quel était l'état de la cour au moment où il quitta la maison paternelle. Louis XIV avait alors cinquante-trois ans, et il vivait sur de glorieux souvenirs. Lorsque, à la mort de Mazarin, en 1661, il avait commencé à gouverner par lui-même, il avait trouvé une génération de grands généraux et de grands ministres : Condé, Turenne, Colbert, Lyonne et Louvois, des orateurs et des poëtes illustres, d'excellents artistes dans tous les genres, et, à la tête de ce brillant cortége, il avait marché de succès en succès et placé la France au

1. *Mémoires*, tome VII, p. 55. — 2. *Ibidem*, tome XVII, p. 240.

la petite cour de Meudon, avait des ressources d'esprit qui la rendaient fort redoutable. Saint-Simon le reconnaît; mais il finit par triompher de cette ennemie : « J'en fis faire toute la peur, dit-il[1], à Mme la duchesse de Bourgogne.... par la duchesse de Villeroy et par Mme de Levis; à Mgr le duc de Bourgogne, par M. de Beauvillier; à Mme de Maintenon, par le maréchal de Boufflers; au Roi même, par le P. Tellier; et toutes ces batteries réussirent. »

Tant d'ardeur et de persévérance furent récompensées. Le duc de Berry épousa la fille du duc d'Orléans, et la duchesse de Saint-Simon fut nommée dame d'honneur de la duchesse de Berry. Un revenu de vingt et un mille livres et un logement des plus agréables au château de Versailles furent les « assaisonnements » de cette place[2]. Saint-Simon a pris soin de nous décrire l'appartement où il sut se ménager une retraite et comme un asile inviolable au milieu des agitations de la cour. Situé dans l'aile neuve du château[3], près de la chapelle, cet appartement se composait d'une antichambre et de cinq pièces à cheminée. Chaque pièce avait un arrière-cabinet, qui ne recevait de jour que par la pièce principale et qui était entièrement dissimulé lorsqu'on fermait les portes et les fenêtres qui l'éclairaient. C'est dans un de ces arrière-cabinets que Saint-Simon établit son bureau de travail. Il avait soin de le tenir tout à fait clos, afin d'échapper à toute visite importune; il n'y pouvait lire ou écrire, même en plein jour, qu'à la lumière. Ainsi isolé dans ce qu'il nommait sa *boutique*, il recueillait ses observations personnelles, ses conversations, les confidences qu'il savait obtenir chaque jour des ministres et des personnes principales de la cour, et amassait ce trésor de notes, de portraits, d'anec-

1. *Mémoires*, tome VIII, p. 233.

2. *Ibidem*, p. 328. — Les *Mémoires* donnent le chiffre rond de *vingt mille livres;* dans la correspondance de la duchesse il est dit qu'elle a en tout 21,554[tt], dont 16,554[tt] d'appointements et 5000[tt] de pension supplémentaire.

3. L'appartement occupait les pièces du second étage où sont maintenant les portraits de la famille royale d'Angleterre.

dotes piquantes, qui devaient servir de matériaux pour les *Mémoires*.

Il occupa cet appartement jusqu'à la mort de Louis XIV. Il s'absentait rarement de Versailles, pour aller visiter sa terre de la Ferté-Vidame, ou passer quelques jours à la Trappe, vers l'époque des fêtes de Pâques. Le maître tenait à l'assiduité de ses courtisans. Saint-Simon s'étant rendu à Rouen, en 1705, pour soutenir un procès, son absence fut remarquée; il prend plaisir à garder note du fait : « Au bout de huit ou dix jours que nous fûmes là, je reçus une lettre de Pontchartrain, qui me mandoit que le Roi avoit appris avec surprise que j'étois à Rouen et l'avoit chargé de me demander, de sa part, pour quoi et pour combien j'y étois, tant il étoit attentif à ce que devenoient les gens marqués et qu'il avoit accoutumé de voir autour de lui, quoique sans aucune privance[1]. »

1. *Mémoires*, tome V, p. 89.

II

SAINT-SIMON DANS LES CAMPS ET A LA COUR DE LOUIS XIV

Campagnes de Saint-Simon (1692-1697). — Mort de son père (1693). — Procès d'une partie des ducs et pairs contre le maréchal de Luxembourg. — Saint-Simon commence à écrire ses *Mémoires* (1694). — Son mariage (1695). — Il renonce à la carrière militaire (1702). — Ses opinions religieuses à cette époque. — Ses scrupules de conscience au sujet de la composition de ses *Mémoires*. — Il s'attache à la cour (1702-1711). — Son esprit critique l'expose plusieurs fois à des disgrâces. — Il contribue à la rupture du duc d'Orléans avec Mme d'Argenton ; négocie le mariage du duc de Berry avec la fille aînée du duc d'Orléans (1711). — La duchesse de Saint-Simon est nommée dame d'honneur de la duchesse de Berry.

De 1691 à 1692, Saint-Simon servit comme mousquetaire. A cette époque, l'équipage d'un gentilhomme de son rang était considérable : simple mousquetaire, il n'avait pas moins de trente-cinq chevaux ou mulets pour sa monture et ses bagages. Il fit ses premières armes au siége de Namur (1692), et y mérita, dit-il[1], les éloges du Roi. L'année suivante, il obtint l'autorisation d'acheter une compagnie de cavalerie dans le régiment de Royal-Roussillon et prit part à la bataille de Nerwinden, gagnée par le maréchal de Luxembourg sur le roi Guillaume III. Il en écrivit le récit le lendemain de la victoire et l'envoya à sa mère[2].

La même année (1693), il perdit son père[3], pour lequel

1. *Mémoires*, tome I, p. 10. — 2. *Ibidem*, p. 91.

3. L'acte suivant a été tiré par M. Jal (*Dictionnaire critique*, p. 1136) des registres de Saint-Sulpice : « Le dit jour (11 mai 1693), a été fait le convoi et enterrement de très-haut et très-puissant seigneur Monseigneur Claude duc de Saint-Simon, pair de France, doyen des chevaliers des ordres du Roi, gouverneur pour Sa Majesté des ville, château et comté de Blaye, grand bailli et gouverneur de Senlis et Pont-Sainte-

il avait une profonde tendresse. Il faut, quand on le lit, se tenir en garde contre sa piété filiale, en lui pardonnant l'exagération de ses éloges. Le Roi donna au jeune duc les gouvernements de Blaye et de Senlis, que la mort de son père laissait vacants, et qui valaient, tous frais payés, trente-quatre mille livres de rente[1]. Louis de Saint-Simon devint, en outre, seigneur de la Ferté-Arnault ou la Ferté-Vidame, près de Chartres, capitaine de Pont-Sainte-Maxence et du château de Fécamp; mais il répète souvent, dans ses *Mémoires*, que son père avait contracté des dettes pendant la Fronde, pour le service du Roi, sans pouvoir en obtenir le remboursement[2], et que ses affaires en étaient restées embarrassées. Lui-même sollicita vainement le payement de ces anciennes créances sous le règne de Louis XIV; il ne l'obtint que sous la régence du duc d'Orléans, à l'époque du système de Law, et il employa l'argent qu'il reçut alors à embellir son domaine de la Ferté.

L'année même où mourut Claude de Saint-Simon, son fils se trouva engagé dans un procès de préséance que la plupart des ducs soutenaient contre le maréchal de Luxembourg. Il porta dans cette affaire une vivacité dont ses *Mémoires* conservent la trace. Il attribua la perte du procès à la partialité du premier président Achille de

Maxence, ci-devant premier écuyer de Sa Majesté et de feu Louis XIII (*il faudrait probablement lire* « de Sa Majesté feu Louis XIII »), premier gentilhomme de sa chambre et grand louvetier de France, décédé en son hôtel, rue Saint-Père, en cette paroisse, le 3e du présent mois[a], âgé d'environ 86 ans. »

1. *Mémoires du duc de Luynes*, tome IV, p. 445.

2. Il faut cependant reconnaître, d'après des témoignages contemporains, que les dons faits à Claude de Saint-Simon avaient été considérables. On le voit par une lettre, inédite, conservée aux archives des Affaires étrangères, qui est adressée à Torcy, le 1er janvier 1701, par un des courtisans qui accompagnaient Philippe V se rendant en Espagne : « Sur une hauteur, au bout de la ville, est le château de Blaye, très-bien en-

a Le texte de Jal porte, par erreur : « le 13e du présent mois, » ce qui mettrait la mort après l'enterrement, qui avait eu lieu le 11 mai. D'ailleurs les *Mémoires de Saint-Simon* disent formellement que son père mourut le 3 mai.

Harlay, et ne cessa de poursuivre ce magistrat avec un implacable acharnement. Ne pouvant continuer de servir dans l'armée du maréchal de Luxembourg, dont il avait été un des adversaires les plus ardents, il obtint du Roi que le régiment de cavalerie qu'il venait d'acheter fût envoyé à l'armée du Rhin, commandée par le maréchal de Lorge. Ce fut alors que se déclara complétement la vocation historique de Saint-Simon, dont nous avons déjà signalé plus d'un indice. Il commença ses *Mémoires* dans l'été de 1694, comme il a pris soin lui-même de le rappeler : « Je commençai (*à les écrire*), dit-il, en juillet 1694, étant mestre de camp d'un régiment de cavalerie de mon nom, dans le camp de Gimsheim, sur le Vieux-Rhin, en l'armée commandée par le maréchal duc de Lorge[1]. » Il travaillait encore à ses *Mémoires* en 1751. Ainsi cette œuvre a rempli sa vie pendant près de soixante ans.

On peut supposer avec vraisemblance qu'un des morceaux qu'il rédigea à cette époque fut la relation du procès soutenu par une partie des ducs contre le maréchal de Luxembourg. Ce qui est certain, c'est qu'en 1699 il en envoya le récit à l'abbé de Rancé, réformateur de la Trappe, lorsque, tourmenté par des scrupules de conscience, il le consulta pour savoir s'il pouvait écrire ses *Mémoires* sans manquer à la charité chrétienne[2]. Il fut sans doute rassuré par la réponse de l'abbé; car il continua son travail, en le dérobant soigneusement à tous les regards indiscrets.

Sa mère le pressait de se marier, et le jeune Saint-Simon, touché des vertus du duc de Beauvillier, recher-

tretenu. M. le duc de Saint-Simon en est gouverneur. Des marais incultes, dont Monsieur son père s'empara du consentement des habitants, donnés ensuite par le Roi en propriété, lui rendent aujourd'hui plus de vingt mille écus, sans les autres revenus du gouvernement. » Ces vingt mille écus et les produits de ses gouvernements assuraient à Saint-Simon plus de cent mille livres de rente.

1. *Mémoires*, tome I, p. 3.

2. Voyez la lettre de Saint-Simon à l'abbé de Rancé, publiée en tête des *Mémoires*.

cha d'abord une alliance dans cette famille. Il y mit une passion que l'on a peine à s'expliquer. Il n'avait même pas vu la fille aînée du duc de Beauvillier, dont il demandait la main ; à son défaut, il était disposé à accepter une de ses sœurs, celle que le père consentirait à lui accorder. Le bon sens du duc de Beauvillier résista à cet aveugle entraînement. Saint-Simon s'adressa alors au maréchal sous lequel il venait de servir et dont il avait apprécié la droiture, la loyauté et les talents militaires. Le duc de Lorge, neveu de Turenne et frère du maréchal de Duras, occupait à la cour une haute position : il était capitaine d'une des quatre compagnies des gardes du corps, gouverneur de la Lorraine et du Barrois, etc.; l'alliance avec sa fille devait donner au jeune duc de Saint-Simon ce qui lui manquait, l'appui d'une famille accréditée. Sa demande fut agréée, et, le 8 avril 1695, il épousa Gabrielle de Durfort de Lorge, âgée de dix-sept ans, fille aînée issue du mariage du maréchal avec Geneviève de Frémont[1].

Mlle de Lorge apportait à Saint-Simon une fortune considérable, cinq cent mille écus[2], et, ce qui était plus précieux, les qualités et les vertus qui, plus ou moins, manquaient au jeune duc, la douceur, la patience, le bon sens pratique, la prudente direction des affaires. Cette modeste et excellente personne fit le charme de la vie de Saint-Simon. Il eut le mérite de comprendre quel trésor il possédait, et il a fait, dans ses *Mémoires* et dans son testament, l'éloge le plus touchant de sa femme.

Après la paix de Ryswyk, en 1697, le régiment de Saint-Simon fut licencié, et lorsque, en 1702, au commencement de la guerre de la Succession d'Espagne, Louis XIV réorganisa l'armée et fit une nombreuse promotion d'officiers généraux, le duc de Saint-Simon n'y fut pas

1. M. Jal a cité, dans son *Dictionnaire critique*, article SIMON (SAINT-), des extraits de l'acte de mariage qui avait été inscrit sur les registres de la paroisse Saint-Roch. On y donne à notre duc de Saint-Simon les mêmes titres qu'à son père.

2. *Mémoires du duc de Luynes*, tome IV, p. 445.

compris. Blessé de cet oubli, il renonça au service militaire, en alléguant sa mauvaise santé. A l'en croire, Louis XIV fut piqué de sa démission : « Il ne me parla plus; ses regards ne tomboient sur moi que par hasard[1]. » Ce qui est certain, c'est que, jusqu'à la mort de Louis XIV, Saint-Simon parut condamné à la vie oisive de ceux des courtisans dont la servitude dorée n'était relevée par aucune des hautes dignités de la couronne. D'après ses *Mémoires*[2], il fut désigné pour l'ambassade de Rome, sans l'avoir sollicitée. Les lettres de Mme de Maintenon confirment cette assertion : écrivant à la princesse des Ursins, elle dit que le duc de Saint-Simon est présenté pour cette ambassade par le parti des jésuites, tandis que son adversaire, le marquis, plus tard duc d'Antin, est soutenu par les jansénistes[3].

On s'étonnera peut-être de voir Saint-Simon désigné comme l'adversaire des jansénistes et le candidat des jésuites : la lecture de plusieurs passages de ses *Mémoires* lui ferait attribuer des opinions bien différentes. Mais ce n'est pas la seule contradiction que nous aurons à relever entre sa vie et ses écrits. Du reste, il convient lui-

1. *Mémoires*, tome III, p. 368. — 2. Tome V, p. 103-113.

3. Voyez les *Lettres inédites de Mme de Maintenon et de la princesse des Ursins* (Paris, 1826, tome I, p. 50), lettre de Mme de Maintenon du 17 octobre 1706. Une autre lettre, au duc de Noailles, datée du 22 février 1706 (Amsterdam, 1756, tome V, p. 64 et 65), parle aussi de la lutte entre ces deux influences : « Il s'est passé bien des choses sur l'ambassade de Rome. M. le duc de Saint-Simon avoit été proposé, et après lui M. d'Antin. Le Roi penchoit pour ce dernier, quand il apprit par des gens fort graves qu'il y avoit deux grandes cabales pour ces deux Messieurs : que les jésuites vouloient M. le duc de Saint-Simon, et les jansénistes M. d'Antin; que Mme de Montespan étoit à la tête de cette dernière cabale. J'avoue que je fus surprise de voir M. d'Antin accusé de jansénisme; mais enfin tout ce bruit a réveillé l'aversion du Roi pour tous les ministres qu'on lui nomme. Cependant, sans exclure ni l'un ni l'autre, il a pris le parti du délai, et l'abbé de la Trémoille sera chargé des affaires. » Quoique venant d'une édition suspecte, cette lettre a un caractère d'authenticité; il n'y a aucun de ces mots à effet que la Beaumelle a souvent prêtés à Mme de Maintenon. Elle est d'ailleurs confirmée par la lettre à la princesse des Ursins.

même[1] que, dans l'affaire de l'ambassade de Rome, les jésuites s'étaient déclarés contre d'Antin et, par conséquent, pour lui, son concurrent. Les autres mémoires et correspondances du temps représentent Saint-Simon comme leur ami. Caumartin de Boissy, maître des requêtes, écrivait à sa sœur la marquise de la Cour[2] : « M. le duc de Saint-Simon.... a toujours été plus lié avec les jésuites que personne. » Le duc de Luynes, qui le connut particulièrement, surtout pendant les dernières années de sa vie, affirme également ses bons rapports avec eux[3]. Duclos raconte, dans ses *Mémoires*, que le P. Daubenton, confesseur de Philippe V, s'adressant à Saint-Simon pendant son ambassade en Espagne, le sollicitait au nom de son amitié pour la Compagnie de Jésus[4]. Lui-même n'en parle pas toujours avec un sentiment hostile : témoin le passage suivant[5], où il s'exprime avec une remarquable modération : « Je suis persuadé que les jésuites sont d'un excellent usage, en les tenant à celui que saint Ignace a établi. La Compagnie est trop nombreuse pour ne renfermer pas beaucoup de saints, et de ceux-là j'en ai connu, mais aussi pour n'en contenir pas bien d'autres. » Enfin, il convient positivement que cet ordre le considérait comme un de ses partisans. « J'étois bien de toute ma vie avec les jésuites.... Ils me comptoient parmi leurs amis[6]. »

Une lettre de Saint-Simon[7] fait mieux apprécier que

1. *Mémoires*, tome VIII, p. 227.

2. *Correspondance de la marquise de la Cour*, manuscrit de la bibliothèque Mazarine (H 2791 c), tome IV, f° 20 v°.

3. *Mémoires du duc de Luynes*, tome I, p. 453, note jointe par le duc de Luynes à une lettre de Saint-Simon : « J'ai été de ses amis toute ma vie.... Ce qui paroîtra singulier, c'est qu'on prétend que celui dont est question n'est nullement janséniste, *et en effet il est ami des jésuites.* »

4. *Mémoires secrets de Duclos* (édition Michaud, p. 584). Duclos, qui ne connaissait Saint-Simon que par ses *Mémoires*, dont on lui avait communiqué le manuscrit, s'étonne des paroles du P. Daubenton.

5. *Mémoires*, tome IX, p. 358-359.

6. *Ibidem*, p. 356.

7. Cette lettre, dont le duc de Luynes, dans une note qui l'accom-

ses *Mémoires* quelles étaient ses opinions religieuses vers l'époque où il quitta le service militaire pour s'attacher à la cour de Louis XIV. Dirigé par l'abbé de Rancé, il était alors opposé au jansénisme, vers lequel il parut incliner dans sa vieillesse[1]. Chrétien sincère, il allait chaque année se retremper à la Trappe, en ayant soin de ne pas afficher ces retraites, qui n'auraient pas manqué d'attirer à un jeune courtisan les railleries d'une société frivole. Mais, de quelque mystère qu'il s'entourât, ses principes étaient connus. Les libertins d'esprit et de cœur qui formaient la cour des Vendôme ne l'épargnaient pas, témoin ce passage d'une lettre que le marquis de Lassay écrivait d'Anet[2]:

pagne, laisse en blanc la date, ainsi que le nom de la personne à qui elle est adressée, a été publiée parmi les *Appendices* du tome I des *Mémoires du duc de Luynes*, p. 453-458. Elle a été éditée de nouveau, à la suite des *Mémoires de Saint-Simon*, dans le tome XIX (p. 361-367) de l'édition de 1873-1875, où M. Ad. Regnier fils a recueilli un certain nombre de lettres de notre auteur.

1. Ce changement dans les opinions religieuses de Saint-Simon est attesté par la note du duc de Luynes dont j'ai déjà rappelé une phrase plus haut (p. xxiv, note 3) : « On trouvera ci-après un détail curieux sur les sentiments d'un homme très-respectable, qui a été dans de très-grandes places et à qui une mémoire heureuse et beaucoup de lectures ont donné une conversation agréable et instructive. Comme j'ai été de ses amis toute ma vie, je ne puis mettre son nom qu'après sa mort, si elle arrive avant la mienne (*Saint-Simon mourut, en effet, plusieurs années avant le duc de Luynes*). On verra par ce détail ce que peut faire la prévention sur un esprit vif qui avoit été assez heureux pour connoître la vérité, et qui s'est laissé séduire. Ce qui paroîtra singulier, c'est qu'on prétend que celui dont est question n'est nullement janséniste, et en effet il est ami des jésuites; mais en même temps il est à feu et à sang contre la Constitution [*Unigenitus*]. » L'évêque de Metz, parent et ami intime du duc, qui lui légua ses manuscrits, avait une copie de sa lettre à l'abbé de Rancé mentionnée plus haut (p. xxi) ; il y trouva des sentiments si différents de ceux que Saint-Simon professait dans sa vieillesse, qu'il n'osa jamais, dit-il, la lui lire, de peur de le blesser par ce contraste. Quant aux opinions dogmatiques des jansénistes, notre auteur déclare positivement, dans ses *Mémoires*, qu'il ne s'en est jamais occupé. Il le dit encore dans la lettre : « Mon ignorance, ma profession et mon état laïque m'ont toujours empêché de m'appliquer à ces questions. »

2. Cette lettre, qui ne porte pas de date, a été publiée dans le tome III

« M. de Saint-Simon, autre saint de même espèce, qui arriva, me fit prendre congé de cette sainte compagnie. »

Ces railleries ne pouvaient guère toucher Saint-Simon; mais, pour un véritable chrétien, la composition de mémoires qui peignaient les vices de la cour dans toute leur horreur et flétrissaient, mais aussi divulguaient, tant de scandales et d'infamies, dut être souvent un cas de conscience assez délicat. Nous l'avons déjà vu[1] consulter le saint abbé de la Trappe pour rassurer sa conscience: lorsqu'il avança dans la vie et, en même temps, dans la peinture de tant de misères morales, les scrupules revinrent avec plus de force. Il écrivit, en juillet 1743, peu de temps après la mort de sa femme, une sorte d'examen de conscience, où il se demande si « la charité peut s'accommoder du récit de tant de passions et de vices, de la révélation de tant de ressorts criminels, de tant de vues honteuses, et du démasquement de tant de personnes, pour qui, sans cela, on auroit conservé de l'estime, ou dont on auroit ignoré les vices et les défauts[2]. » Après avoir discuté cette objection, il se rassure en disant que la charité n'impose pas l'obligation de ne pas voir les choses et les gens tels qu'ils sont. Il finit même par présenter ses *Mémoires* comme une œuvre édifiante, puisqu'ils prouvent « que nul des heureux du monde ne l'a été, et que la félicité, ni même la tranquillité, ne peut se trouver ici-bas. »

Ce spectacle des luttes de la conscience, chez un homme tel que Saint-Simon, offre un sérieux intérêt : les objections qu'il se pose, les réponses qu'il y fait, enfin tous ses

(p. 128-131) du *Recueil de différentes choses*, où le marquis de Lassay a réuni des lettres, des poésies, des souvenirs, etc. Saint-Simon dit[a] qu'il rompit ouvertement avec le duc de Vendôme en 1708, à l'occasion de la campagne de Flandre; son voyage à Anet ne peut donc se placer que dans les premières années du dix-huitième siècle.

1. Ci-dessus, p. XXI.

2. Voyez l'introduction de Saint-Simon, en tête de ses *Mémoires*, tome I, p. XLVIII.

[a] *Mémoires*, tome VI, p. 386-388.

scrupules, attestent la sincérité de sa foi chrétienne. On peut n'être pas convaincu par ses arguments; mais le combat de ses principes religieux et de sa passion dominante est assurément bien propre à captiver l'attention.

Dans les relations de la vie publique, Saint-Simon eut à lutter contre des difficultés d'une autre nature. Il était naturellement frondeur, et les misères du temps ne prêtaient que trop aux critiques; mais, au lieu de s'attaquer aux graves abus, il s'en prit à des futilités, discuta avec passion les questions d'étiquette, forma une cabale pour empêcher les duchesses de quêter, en un mot agita la cour pour des sujets souvent puérils. Louis XIV, habitué à une obéissance passive, s'étonna de voir renaître l'esprit de la Fronde: peu s'en fallut que Saint-Simon n'expiât par une disgrâce la causticité de ses propos[1], qu'envenimait encore la malignité des courtisans. Il parvint à apaiser le Roi dans une audience qu'il en obtint, et se montra, pendant quelque temps, plus réservé; mais sa droiture ne tarda pas à se révolter contre l'injustice des cabales qui triomphaient. Indigné des attaques dirigées en 1708 et en 1709 contre le duc de Bourgogne, il n'hésita pas à tenir tête au parti redoutable qui voulait perdre ce prince. Il profita de ses relations avec Mme de Nogaret et la duchesse de Villeroy[2], familières avec la duchesse de Bourgogne, pour stimuler et diriger cette princesse et opposer son influence à la cabale de Meudon, toute-puissante sur le grand Dauphin, fils de Louis XIV. Il osa attaquer le duc de Vendôme lui-même, chef du parti; il le fit en termes peu mesurés, qui laissaient planer sur ce duc des soupçons de déloyauté et presque de trahison[3]. Aussitôt la cabale se tourna contre Saint-Simon et le poursuivit avec acharnement. Attaqué et calomnié par de puissants ennemis, se sentant presque seul au milieu d'une

1. *Mémoires*, tome IV, p. 225 et suivantes.
2. Tome VI, p. 361 et 365.
3. *Ibidem*, p. 386-388.

cour subjuguée, il s'enfuit à la Ferté-Vidame. Il était impatient, dit-il, « d'aller respirer un air plus sain et plus tranquille[1]. »

Il n'y fut pas longtemps sans recevoir de l'évêque de Chartres, Godet des Marais, le directeur de Mme de Maintenon, une lettre qui l'avertissait qu'on lui avait rendu les plus mauvais offices auprès du Roi[2]. Saint-Simon se hâta de revenir à la cour ; mais il trouva Louis XIV prévenu et fut exclu des voyages de Marly, dont il n'avait manqué aucun depuis quatre ans. On lui reprochait toujours, et peut-être avec quelque raison, ses critiques acerbes[3]. La duchesse de Bourgogne ne dissimula pas à Mme de Saint-Simon que l'on avait donné au Roi de fâcheuses impressions contre son mari[4] : l'on avouait qu'il avait beaucoup plus d'esprit, de connaissances et de vues que la plupart des courtisans ; mais on tournait ses qualités contre lui : on le craignait et on se tenait en garde ; on ne pouvait souffrir sa hauteur et sa liberté de langage : sa réputation même de probité rendait ses critiques plus redoutables. Tels étaient les griefs répandus parmi les courtisans et portés jusqu'à Louis XIV.

Saint-Simon reconnut qu'il fallait ou renoncer à la cour ou se défendre énergiquement. Il demanda une nouvelle audience, et l'obtint dans les premiers jours de 1710[5]. Il trouva le Roi l'« air haut et rengorgé, » et ce ne fut pas sans peine qu'il dissipa les préventions que la liberté de ses discours avait inspirées contre lui. Cependant cette audience eut un succès complet. A partir de cette époque, il fut l'objet d'attentions marquées de la part de Louis XIV.

Une des circonstances qui servirent le plus à améliorer sa position à la cour fut sa conduite à l'égard du duc d'Orléans. Ce prince, mal vu du Roi et de Mme de Maintenon, accusé de conspirations en Espagne et de débauches hon-

1. *Mémoires*, tome VI, p. 421. — 2. *Ibidem*, p. 447.
3. Tome VII, p. 94. — 4. *Ibidem*, p. 330 et suivantes.
5. *Ibidem*, p. 435, et tome VIII, p. 60 et suivantes.

teuses en France, courait à sa perte. Saint-Simon lui était resté fidèle dans sa disgrâce : il s'efforça de le relever moralement, en le décidant à rompre avec sa maîtresse, Mme d'Argenton, et à se rapprocher de sa femme, fille de Louis XIV. Le duc d'Orléans, après une longue et opiniâtre résistance, se décida à suivre ce conseil[1]. Rien ne contribua plus à inspirer à Louis XIV de l'estime pour le caractère du duc de Saint-Simon.

Ce succès fit naître dans l'esprit de celui-ci la pensée d'affermir le crédit du duc d'Orléans en mariant la fille aînée de ce prince avec le duc de Berry, petit-fils du Roi[2]. Les obstacles étaient nombreux et difficiles à surmonter; mais rien n'arrêta l'auteur du projet, et c'est surtout dans cette circonstance que l'on est frappé de son habileté à mener une intrigue, de sa connaissance profonde des divers partis de la cour, de son adresse à profiter de leurs passions et de leurs intérêts pour faire concourir au succès de son plan les hommes et les femmes du caractère le plus opposé. Il trouvait peu d'appui dans le duc d'Orléans, qu'il compare à une poutre immobile, qui ne se remuerait que par des efforts redoublés[3]. « Moins je vis, dit-il, de ressource à espérer de celui qui y avoit le plus grand intérêt, plus je m'appliquai à en trouver d'ailleurs et à former et diriger une puissante cabale, et, de plusieurs différentes, à en faire une seule, qui se proposa puissamment le but où je tendois. »

Il fallait d'abord gagner la duchesse de Bourgogne, qui avait la plus grande influence sur le Roi et sur Mme de Maintenon. Saint-Simon s'était ménagé des alliées près de la princesse : deux de ses favorites, la duchesse de Villeroy et Mme de Levis, étaient amies intimes de sa femme. « La duchesse de Villeroy, dit-il[4], me parut infiniment propre à ce dessein.... par une fermeté souvent peu éloignée de la rudesse, qui, jointe au bon sens, tient quelquefois

1. *Mémoires*, tome VII, p. 440-441, et tome VIII, p. 36.
2. Tome VIII, p. 213 et suivantes.
3. *Ibidem*, p. 219 et suivantes. — 4. *Ibidem*, p. 222 et 223.

lieu d'esprit, et frappe plus fortement et plus utilement des coups, que plus d'esprit avec plus de mesure.... Mme de Levis me parut un autre instrument triplement considérable : elle joignoit infiniment d'esprit à une fermeté qui, un peu gouvernée par l'humeur, étoit égale et quelquefois supérieure à celle de la duchesse de Villeroy. »

Les jésuites devinrent aussi d'utiles auxiliaires. Le P. du Trévoux, attaché au duc d'Orléans et ami intime du P. Tellier, confesseur du Roi, promit de seconder le projet de mariage. Saint-Simon, qui avait gardé d'étroites relations avec le P. Sanadon[1], s'en servit aussi pour agir sur le P. Tellier. « Je fis entendre à ce Père, dit-il[2], les mêmes choses qu'ils (*le duc et la duchesse d'Orléans*) disoient au P. du Trévoux, mais avec plus de force. Je les paraphrasai de tout ce que j'y pus ajouter, surtout de ce qui pouvoit entrer dans l'intérêt des jésuites, leur donner envie, pour l'amour d'eux-mêmes, du mariage de Mademoiselle, et toute la frayeur que je pus de celui de Mademoiselle de Bourbon. »

A ce parti si fortement et si habilement lié Saint-Simon ajouta encore le maréchal de Boufflers, dont il connaissait le crédit sur Mme de Maintenon.

Restait à vaincre une opposition redoutable, celle de Monseigneur, père du duc de Berry. Au premier mot que la duchesse de Bourgogne dit en faveur du mariage, le grand Dauphin « rougit de colère et répondit vivement que cela seroit fort à propos pour récompenser le duc d'Orléans de ses affaires d'Espagne[3]. » Cette opposition servit plutôt à hâter le mariage qu'à l'entraver. Le Roi attribua à l'influence de Madame la Duchesse l'attitude de son fils, d'ordinaire si soumis et si mesuré dans ses paroles; il « dit avec feu que, si Madame la Duchesse le prenoit sur ce ton-là et entreprenoit d'empaumer Monseigneur, elle compteroit avec lui[4]. » Cette princesse, qui était l'âme de

1. Voyez ci-dessus, p. x et note 3.
2. *Mémoires*, tome VIII, p. 227-228.
3. *Ibidem*, p. 232. — 4. *Ibidem*.

premier rang des nations. Mais peu à peu les Condé, les Turenne, les Lyonne, les Colbert et les Louvois avaient disparu; les orateurs et les poëtes, arrivés à la vieillesse, gardaient le silence; et, lorsque Saint-Simon parut à la cour, les apparences majestueuses de la royauté dissimulaient mal la faiblesse du gouvernement, confié aux le Peletier et aux Pontchartrain. Sans doute, il y avait encore des capitaines remarquables, formés à l'école de Condé et de Turenne : Luxembourg, Catinat, Vauban, Vendôme, Villars; mais Luxembourg ne tarda pas à disparaître, et Louis XIV semblait préférer Villeroy, Tallard et Marsin aux généraux vraiment supérieurs. Quelques écrivains et orateurs de génie, comme Fénelon et Massillon, illustraient la fin du règne; mais le premier était suspect au Roi, et il l'exila bientôt dans son diocèse de Cambrai. Ce n'était plus l'époque où la royauté et l'opinion publique étaient en parfaite harmonie, où Bossuet, Racine, Boileau, Molière, interprètes de leurs contemporains, célébraient, à l'envi, la gloire et les créations merveilleuses de Louis XIV. Comment s'étonner que Saint-Simon, témoin des dernières années de ce règne, attristées par tant de misères et de défaites, en ait trop oublié les glorieux débuts?

Le contraste de l'épuisement de la France et de l'éclat de la cour ne pouvait échapper à un observateur aussi précoce. La cour était toujours gaie et brillante : Louis XIV avait un fils de trente-deux ans, docile à ses volontés, autour duquel se rangeaient trois jeunes princes, les ducs de Bourgogne, d'Anjou et de Berry, âgés de douze, de neuf et de six ans, qui semblaient assurer à la maison royale une longue et nombreuse postérité. Les bâtards du Roi, le duc du Maine et le comte de Toulouse, étaient revêtus des plus hautes dignités : le premier était colonel général des Suisses et grand maître de l'artillerie; le second, amiral de France. Ses filles naturelles, la princesse de Conti, la duchesse de Bourbon et Mademoiselle de Blois, avaient déjà contracté ou allaient obtenir d'illustres alliances : la première, fille de Louis XIV et de la duchesse de la Vallière, était veuve, depuis 1685, de Louis-

Armand de Bourbon, prince de Conti; mais elle était encore dans tout l'éclat de la jeunesse et de la beauté. La seconde, mariée à Louis III de Bourbon-Condé, brillait surtout par son esprit. La troisième, Mademoiselle de Blois, allait épouser le duc de Chartres, qui devint duc d'Orléans et régent de France.

Un esprit nourri de maximes de vertu et d'honneur comme le jeune Saint-Simon dut être choqué de ces mariages et de l'élévation des bâtards. En face d'une cour fastueuse, qui ne respirait que la joie et les plaisirs, il voyait la France épuisée par de longues guerres. C'était vers cette époque que Fénelon adressait à Louis XIV, sous le voile de l'anonyme, la lettre fameuse, qui probablement ne fut jamais mise sous ses yeux, où il lui traçait ce tableau si terrible, mais si vrai, de l'état du Royaume, où il lui disait que la France entière n'était plus qu'un grand hôpital désolé, qu'il était temps de s'humilier sous la main de Dieu et de demander la paix[1].

Le contraste entre les magnificences de la cour et la misère d'un peuple qui « périssait au bruit des *Te Deum,* » a certainement contribué au jugement sévère jusqu'à l'injustice que Saint-Simon a porté sur Louis XIV, sur Mme de Maintenon et sur la plupart des personnages qui les entouraient.

1. Voyez la *Correspondance de Fénelon*, Paris, 1827, tome II, p. 333-345.

III

RÔLE DE SAINT-SIMON JUSQU'A LA MORT DE LOUIS XIV

Mort du grand Dauphin (avril 1711). — Joie qu'en ressent Saint-Simon. — Ses relations avec le duc de Bourgogne (1711-1712). — Mort du duc et de la duchesse de Bourgogne (1712). — Influence de Saint-Simon sur le duc d'Orléans (1712-1715). — Ambassade du cardinal del Giudice, dont Saint-Simon devine et déjoue les projets (1714-1715). — Mort de Louis XIV (septembre 1715).

Saint-Simon, qui venait de remporter un éclatant succès par le mariage du duc de Berry avec la fille du duc d'Orléans, n'était pas sans inquiétude. Son triomphe même avait exaspéré la cabale de Meudon. Le danger devenait chaque jour plus menaçant sous un roi septuagénaire, dont la santé commençait à décliner. Le règne du Dauphin, ou plutôt de ses favoris, semblait imminent. « Je ne pouvois douter qu'ils ne me voulussent perdre, dit Saint-Simon[1],... et ce qui les excitoit contre moi n'étoit pas de nature à s'émousser, beaucoup moins à pouvoir jamais me raccommoder avec eux.... Cette cour [étoit] comme hérissée pour moi de dangers et d'abîmes. » Un événement imprévu vint le tirer de cette perplexité. On apprit tout à coup à Versailles que le Dauphin était dangereusement malade. Saint-Simon était alors (avril 1711) à la Ferté, où il passait les fêtes de Pâques. Il peint sans déguisement l'état de son âme lorsqu'il reçut cette nouvelle[2] : « Je passai la journée dans un mouvement vague et de flux et de reflux qui gagne et qui perd du terrain, tenant l'homme et le chrétien en garde contre l'homme et le courtisan, avec cette foule de choses et d'objets

1. *Mémoires*, tome IX, p. 101.
2. *Ibidem*, p. 105.

qui se présentoient à moi dans une conjoncture si critique, qui me faisoit entrevoir une délivrance inespérée, subite, sous les plus agréables apparences pour les suites. »

Tourmenté par l'éloignement et l'incertitude des nouvelles, il se décida à retourner à Versailles. Ses *Mémoires* nous font assister à toutes les péripéties de la maladie du Dauphin et aux diverses impressions qu'en recevait la cour. Quant à lui, il ne dissimule pas le chagrin qu'il éprouva en apprenant que le prince allait mieux. La duchesse d'Orléans était venue s'entretenir avec lui de leurs espérances et de leurs craintes[1] : « Pour en parler franchement et en avouer la honte, elle et moi nous lamentâmes ensemble de voir Monseigneur échapper, à son âge et à sa graisse, d'un mal si dangereux. Elle réfléchissoit tristement, mais avec ce sel et ces tons à la Mortemart[2], qu'après une dépuration de cette sorte, il ne restoit plus la moindre pauvre petite espérance aux apoplexies ; que celle des indigestions étoit ruinée sans ressource depuis la peur que Monseigneur en avoit prise et l'empire qu'il avoit donné sur sa santé aux médecins ; et nous conclûmes plus que langoureusement qu'il falloit désormais compter que ce prince vivroit et régneroit longtemps. »

Pendant que la duchesse d'Orléans et Saint-Simon se livraient à ces charitables réflexions, la maladie du Dauphin faisait des progrès inattendus et d'une rapidité effrayante. On ne tarda pas à apprendre à Versailles que ce prince était à l'extrémité. Saint-Simon en éprouva une joie qui éclate dans tout son récit[3] : « Ma délivrance particulière me sembloit si grande et si inespérée qu'il me sembloit, avec une évidence encore plus parfaite que la vérité, que l'État gagnoit tout en une telle perte. » Il garda cependant assez de liberté d'esprit pour observer la cour, au moment où l'on apprit la mort du grand Dauphin, et

1. *Mémoires*, tome IX, p. 111.
2. La duchesse d'Orléans était fille de Mme de Montespan.
3. *Mémoires*, tome IX, p. 117.

en tracer un tableau qui est resté gravé dans le souvenir de tous ceux qui ont lu les *Mémoires*[1]. Jamais les passions humaines n'ont été scrutées et peintes avec plus de vigueur.

Cette mort ne délivrait pas seulement Saint-Simon de la crainte de voir sur le trône un prince entouré et dominé par ses ennemis : elle lui montrait dans l'avenir un jeune roi élevé et dirigé par son ami le duc de Beauvillier, un prince qu'il avait hautement défendu contre la cabale de Vendôme, et dont les sympathies lui étaient assurées. « M. de Beauvillier, dit-il[2], ne cessoit depuis longtemps de faire naître de l'estime, de l'amitié, du goût pour moi en son pupille, sur l'esprit et le cœur duquel il pouvoit tout. » Saint-Simon, introduit en secret près du prince et à des heures réservées[3], eut avec lui de longs entretiens. Le duc de Bourgogne, témoin des malheurs de la France et des abus du pouvoir absolu, songeait à des réformes profondes. Saint-Simon rédigea pour lui des projets de gouvernement[4], qui consistaient surtout à remplacer l'autorité des ministres par des conseils où l'aristocratie de naissance aurait été appelée de préférence à la magistrature et à la bourgeoisie. Ces projets furent étudiés dans des conférences qu'enveloppait un profond mystère. Saint-Simon voyait avec « ravissement[5] » que le prince goûtait ses idées. Fénelon, qui avait gardé un grand empire sur son ancien élève, travaillait, de son côté, à préparer à la France un roi selon son cœur[6]. La duchesse de Bourgogne ne tarda pas à être dans le secret des en-

1. *Mémoires*, tome IX, p. 121-124.

2. *Ibidem*, p. 355. — 3. *Ibidem*, p. 363.

4. M. Paul Mesnard les a publiés sous ce titre : *Projets de gouvernement du duc de Bourgogne, mémoire attribué au duc de Saint-Simon.* (Hachette, 1860, in-8°.)

5. C'est le mot même des *Mémoires*, tome IX, p. 376.

6. Il semble qu'il y eut alors, par l'intermédiaire de la famille du duc de Chevreuse, des relations établies entre Saint-Simon et Fénelon. Ce dernier annonce, dans une lettre adressée au duc de Chaulnes, un mémoire « pour le duc de S. S. », qui ne peut être que notre Saint-Simon. Voyez la *Correspondance de Fénelon*, tome I, p. 596.

tretiens particuliers du prince avec Saint-Simon[1], et elle les approuva, quoiqu'elle n'eût eu jusqu'alors qu'un penchant médiocre pour notre auteur[2].

Malheureusement le jeune prince sur lequel reposaient toutes ces espérances fut bientôt enlevé à la France, ainsi que la duchesse de Bourgogne. Ce fut un coup terrible pour Saint-Simon. « Je voulus tout quitter, dit-il[3], et me retirer de la cour et du monde, et ce fut tout l'ouvrage de la sagesse, de la conduite, du pouvoir de Mme de Saint-Simon sur moi que de m'en empêcher, avec bien de la peine. » Et plus loin[4] : « On emportoit le corps du Dauphin ; j'en aperçus de loin quelque chose. Je me rejetai chez moi, d'où je ne sortis presque plus du reste du voyage que pour aller passer les après-dînées auprès du duc de Beauvillier.... J'avoue que je faisois le détour entre le canal et les jardins de Versailles, pour arriver à l'hôtel de Beauvillier par la porte de l'Orangerie, qu'il joignoit[5], pour me dérober à la vue de ce qui paroissoit de funèbre, dont aucun devoir ne me put faire approcher. Je conviens de la foiblesse. Je n'étois soutenu ni de la piété, supérieure à tout, du duc de Beauvillier, ni d'une semblable à celle de Mme de Saint-Simon, qui toutefois n'en souffroient pas moins. La vérité est que j'étois au désespoir. A qui saura où j'en étois arrivé, cet état paroîtra moins étrange que d'avoir pu supporter un malheur si complet. Je l'essuyois précisément au même âge[6] où étoit mon père quand il perdit Louis XIII ; au moins en avoit-il grandement joui, et moi, *gustavi paululum mellis, et ecce morior*[7]. » Toutes les fois qu'il parle du duc de Bour-

1. *Mémoires*, tome IX, p. 384-385. — 2. *Ibidem*, p. 386.
3. Tome X, p. 96. — 4. *Ibidem*, p. 130-131.
5. On a vu plus haut (p. XXXI) que l'appartement de Saint-Simon, au château de Versailles, était situé près de la chapelle ; le duc de Beauvillier demeurait à l'autre extrémité du château.
6. Saint-Simon avait alors trente-sept ans.
7. « J'ai goûté un peu de miel, et voici que je meurs. » *Gustans gustavi in summitate virgæ, quæ erat in manu mea, paululum mellis, et ecce ego morior.* (Livre Ier des *Rois*, chapitre XIV, verset 43.)

gogne, sa douleur s'épanche de la manière la plus touchante et avec une admiration sincère pour ce prince. Après avoir raconté sa dernière entrevue avec lui, il ajoute : « Plaise à la miséricorde de Dieu que je le voie éternellement où la bonté de Dieu sans doute l'a mis[1] ! » Et plus loin[2] : « La terre n'en étoit pas digne; il étoit mûr déjà pour la bienheureuse éternité. »

Les ducs de Chevreuse et de Beauvillier moururent la même année que le duc de Bourgogne ; le duc de Berry, frère de ce prince, fut lui-même enlevé en 1714. Il ne restait plus dans le palais de Versailles qu'un roi presque octogénaire et un enfant de deux ans. Le duc d'Orléans se trouvait appelé par sa naissance à être régent du Royaume pendant la minorité qui allait s'ouvrir. Saint-Simon lui était depuis longtemps fort attaché ; tout en condamnant sa vie licencieuse et son scepticisme, il l'avait défendu, comme nous l'avons dit[3], contre un parti puissant qui l'accusait de vouloir s'élever au trône par le crime. Tandis que les courtisans s'éloignaient de ce prince, Saint-Simon lui demeurait fidèle et était devenu un de ses confidents les plus intimes. Il lui fit adopter quelques-uns de ses projets de réforme, et veilla attentivement à la conservation des droits que lui donnait sa naissance. Nous en trouvons une preuve dans sa correspondance avec le futur régent à l'époque où le cardinal del Giudice, envoyé par Philippe V, roi d'Espagne, vint en France chargé d'une mission mystérieuse. La sagacité de Saint-Simon ne tarda pas à y deviner un danger et à reconnaître que cette ambassade avait pour but d'enlever la régence au duc d'Orléans et de la faire donner à Philippe V. Les instructions du roi d'Espagne[4] prouvent avec quelle pénétration Saint-Simon avait percé les projets des ennemis du duc d'Orléans. Elles portaient, en effet, que l'ambassadeur de-

1. *Mémoires*, tome X, p. 93.
2. *Ibidem*, p. 115.
3. Voyez ci-dessus, p. XXVIII-XXIX.
4. Les instructions de Philippe V ont été analysées et en partie publiées dans l'*Histoire de la Régence*, par Lémontey, tome I, p. 18 et 19.

vait soutenir les droits du roi d'Espagne à la régence. Philippe V consentait seulement à ce qu'on lui donnât un substitut, « à moins, ajoutent les instructions, que le sujet nommé substitut ne fût reconnu pour *non affectionné et contraire à ma personne.* » Ces mots désignaient assez clairement le duc d'Orléans, qu'on avait accusé de vouloir lui enlever la couronne d'Espagne.

Saint-Simon devina le péril[1] : son inquiétude se manifeste aussitôt après l'arrivée du cardinal. Il presse le duc d'Orléans de mettre sous les yeux du Roi deux mémoires qu'il a rédigés pour montrer à Louis XIV le but où tend l'ambassade, et l'engager à chasser de sa cour « ce dangereux cardinal, cet espion. » C'était frapper du même coup les bâtards, et surtout le duc du Maine, que la cabale opposée au duc d'Orléans désignait pour substitut de Philippe V.

Pourquoi Saint-Simon a-t-il omis complétement, dans ses *Mémoires*, les services qu'il rendit au duc d'Orléans en déjouant les projets de la princesse des Ursins et du cardinal del Giudice[2]? Comment ne s'est-il pas fait honneur de la sagacité avec laquelle il pénétra et combattit leurs intrigues? Il est difficile de croire à un oubli. Une explication plus naturelle se présente lorsqu'on songe aux relations de Saint-Simon avec la princesse des Ursins : il la connaissait depuis longtemps; elle avait voulu le marier avec une de ses nièces, et il avait conservé à son égard les apparences de l'amitié. Lorsqu'elle vint à Paris, après avoir été chassée d'Espagne, Saint-Simon eut avec elle de longs et intimes entretiens. « J'allai chez elle, dit-il[3], à deux heures après midi. Aussitôt elle ferma sa porte sans

1. Voyez les pièces publiées par M. Baschet dans son ouvrage sur Saint-Simon, p. 396 et 404, et reproduites dans le tome XIX des *Mémoires de Saint-Simon* (1873-1875), p. 269 et 274.

2. Cette omission est d'autant plus extraordinaire que, dans ses Additions au *Journal de Dangeau* (tome XV, p. 118-119), Saint-Simon avait signalé le danger de l'ambassade du cardinal del Giudice.

3. *Mémoires*, tome XII, p. 43. Saint-Simon a écrit en marge de son manuscrit : « Je passe huit heures avec elle. »

exception, et je fus tête à tête avec elle jusqu'après dix heures du soir.... Je lui trouvai la même amitié et la même ouverture. » Cette longue conversation fournit à Saint-Simon des renseignements précieux sur la cour et le gouvernement de Philippe V, et il est probable que, de son côté, il n'épargna pas à l'exilée les témoignages d'affection; et cependant il venait d'écrire contre elle un véritable acte d'accusation, que le duc d'Orléans avait dû remettre à Louis XIV, et qui avait probablement contribué à la chute de la princesse. Avouer cette duplicité, ce rôle d'accusateur sous le masque d'un ami et d'un confident, a sans doute répugné à Saint-Simon, et nous comprenons son silence.

Quoi qu'il en soit, les mémoires rédigés par Saint-Simon pour le duc d'Orléans n'avaient pas été inutiles : la princesse des Ursins avait été brusquement renvoyée d'Espagne au moment où elle se croyait sûre du pouvoir; le coup, frappé par Élisabeth Farnèse, ne partait pas d'Espagne : il avait été concerté entre Louis XIV et Philippe V. Quant à la régence, c'est-à-dire à la question qui touchait surtout Saint-Simon et le duc d'Orléans, le succès ne fut pas aussi complet : Louis XIV, par son testament et par le codicille qu'il y ajouta peu de temps avant sa mort, donnait au duc d'Orléans le titre de régent, auquel il avait droit par sa naissance; mais le Roi ne lui transmettait qu'une autorité limitée et amoindrie au profit du duc du Maine. Saint-Simon s'indigna de ces entraves mises au pouvoir du duc d'Orléans, et, aussitôt que Louis XIV fut mort (1er septembre 1715), il excita le prince à reconquérir la plénitude de l'autorité souveraine et le seconda de tous ses efforts.

IV

RÔLE DE SAINT-SIMON PENDANT LA RÉGENCE DU DUC D'ORLÉANS

Séance du parlement de Paris (2 septembre 1715), où le testament de Louis XIV est modifié. — Le récit qu'en a fait Saint-Simon est contredit par plusieurs contemporains. — Saint-Simon ne fait pas preuve d'intelligence politique au Conseil de régence. — Haines qu'il excite par ses luttes contre le Parlement et la noblesse. — Changement dans la forme de gouvernement (1718). — Opinion de Saint-Simon sur la politique extérieure de la Régence. — Joie que cause à Saint-Simon le lit de justice du 26 août 1718. — Il se plaint de la faiblesse du Régent. — Son découragement. — Conduite de Saint-Simon pendant le procès du duc de la Force (1721). — Ambassade de Saint-Simon en Espagne (1721-1722). — Dubois, premier ministre (1722). — Mort du duc d'Orléans (2 décembre 1723). — Saint-Simon s'éloigne de la cour.

Aussitôt après la mort de Louis XIV, la régence du duc d'Orléans ouvrit la carrière politique au duc de Saint-Simon. Il fut nommé membre du Conseil de régence, qui, dans l'origine, était le centre de toutes les affaires d'État. Avant de s'occuper des détails du gouvernement, le duc d'Orléans voulait faire modifier le testament de Louis XIV et se faire attribuer la plénitude des pouvoirs que le Roi avait divisés. Pour y parvenir, il eut soin de s'assurer des principaux membres du Parlement[1]. Saint-Simon insistait pour mêler à ces questions d'État la fameuse affaire du bonnet[2]; le Régent eut beaucoup de peine à mo-

1. Mathieu Marais dit, dans ses *Mémoires* (édition Lescure, tome I, p. 180), que le duc d'Orléans avait donné « un Mémoire, sur ses prétentions,... à quelques-uns du Parlement. »

2. Le premier président refusait aux ducs et pairs le salut du bonnet

dérer, sur ce point, son impétueuse ardeur, en déclarant que « ce bonnet étoit une usurpation insoutenable,... mais qu'il falloit y pourvoir en temps et lieu, et ne pas troubler une séance si importante par une querelle particulière[1]. » Il fut cependant obligé de consentir à ce qu'une protestation fût lue, au nom des ducs et pairs, contre « l'usurpation plus qu'indécente du bonnet[2]. »

Si l'on s'en rapporte au récit que Saint-Simon nous a laissé de la séance du 2 septembre 1715, il y joua le principal rôle, en ce qui concerne la protestation, et il y obtint un plein succès[3]. A l'en croire, il aurait seul réclamé au nom des pairs, dès le commencement de cette séance, et aurait été écouté avec une attention religieuse. Six auteurs contemporains, désintéressés dans la question, et la plupart témoins des événements, en font un récit très-différent. Je ne parle pas du procès-verbal imprimé, qui ne fait aucune mention de la protestation des ducs et pairs; mais les journaux de Buvat et de Mathieu Marais, les notes marginales que le conseiller d'État Caumartin joignit au procès-verbal de la séance[4], la relation du président d'Aligre, enfin les récits inédits de le Mée, conseiller au Parlement, et d'un avocat nommé Prévôt, sont d'accord pour présenter les faits sous un tout autre aspect que Saint-Simon. Buvat, simple copiste de la Bibliothèque du Roi, n'assistait pas à la séance; son récit est moins complet que celui des quatre autres narrateurs, mais il s'accorde avec eux sur les points essentiels. Il rapporte que ce fut l'archevêque de Reims (Mailly) qui, en sa qualité de premier pair de France, lut la protestation des pairs, et qu'à la fin de la séance, le duc de Saint-Simon ayant demandé acte de cette

en leur demandant leur avis. Telle était la grave question que Saint-Simon voulait faire passer avant les affaires d'État.

1. *Mémoires*, tome XIII, p. 109.

2. *Ibidem*, p. 116. — 3. *Ibidem*, p. 116-117.

4. Le volume contenant ces annotations faisait partie de la bibliothèque du Louvre et était inscrit sous la cote F 401; il a été détruit dans l'incendie de 1871. J'en avais extrait la partie principale, qui a été publiée dans le tome XIII des *Mémoires de Saint-Simon*, p. 465.

protestation, il en résulta une discussion entre lui et les présidents de Novion et de Mesmes. Ce récit est confirmé par les notes de Caumartin, par Marais[1], par le président d'Aligre. Enfin, l'avocat Prévôt[2] insiste sur cet épisode assez ridicule, qui semblait la comédie succédant à la tragédie. Après avoir rappelé la protestation des ducs lue par le cardinal de Mailly et les divers incidents de cette importante séance, Prévôt ajoute qu'au moment où se terminait le vote qui donnait au duc d'Orléans la plénitude des pouvoirs de la régence, « il s'éleva un tumulte, d'où l'on ne vit rien éclore de distinct, sinon une petite voix qui disoit : *Nous demandons acte de nos protestations....* Sur quoi M. de Novion dit : *Où les porterez-vous, vos protestations?* La même voix répondit : *Ici.* Le président de Novion repartit : *Vous nous reconnoissez donc pour vos juges?* La même voix répondit : *Non.* Cette petite voix étoit celle de M. le duc de Saint-Simon. Un conseiller qui étoit debout à l'entrée du parquet et près de l'endroit où ce duc étoit assis, m'a dit que sur-le-champ un pair dit au duc de Saint-Simon : *Ma foi! tu es un mauvais avocat.* Et dans le public on a dit que c'étoit une chose surprenante que M. de Saint-Simon, qui auroit pu desirer tout au plus d'être réputé ancien gentilhomme, et qui devroit être tout étonné de se voir duc et pair de France, ait été ou se soit député pour être l'appui des ducs et pairs. »

Ce récit, d'accord avec les cinq autres témoignages que nous avons rappelés, prouve que ce ne fut pas Saint-Simon qui lut, au commencement de la séance, la protestation des ducs et pairs, mais l'archevêque de Reims. Saint-Simon ne prit la parole que vers la fin de la séance, et, bien loin d'être écouté dans un profond

1. *Journal et mémoires de Mathieu Marais*, tome I, p. 159 et suivantes. Les notes de M. de Lescure signalent les différences avec la relation du président d'Aligre, qui a été publiée dans la *Revue rétrospective*, tome VI, 2e série, p. 5-42.

2. Papiers de Joly de Fleury, aux Manuscrits de la Bibliothèque nationale, tome III de la 1re série, fos 61, 62 et 63.

silence, il eut à supporter une contradiction assez vive et les murmures de son propre parti. Lémontey[1] a résumé cette scène, plus comique que sérieuse, en disant : « La mine chétive et la prodigieuse colère de ce seigneur acariâtre délassèrent la cour des fatigues de la journée. » J'ai dû insister sur ce début de Saint-Simon dans la vie politique, afin de mettre le lecteur en garde contre les scènes dramatiques qu'il a arrangées à sa fantaisie pour sa plus grande gloire et la confusion de ses ennemis.

Quant aux questions d'État qui auraient dû seules occuper le Parlement dans cette séance solennelle, elles avaient été résolues suivant les désirs du duc d'Orléans : le Parlement le délivra des entraves que lui avait imposées le testament de Louis XIV, lui laissa la liberté de composer à son gré le Conseil de régence et enleva au duc du Maine le commandement de la maison militaire du Roi.

Le rôle de Saint-Simon au Conseil de régence ne fut guère plus brillant qu'à la séance du Parlement. La situation était difficile : il fallait d'abord combler le déficit des finances, épuisées par de longues guerres. Saint-Simon ne vit d'autre remède que la banqueroute. Le Régent ayant repoussé cette mesure violente et inique, Saint-Simon se vit forcé de s'occuper de questions financières, pour lesquelles il avoue naïvement son incapacité absolue : « Cette langue de finance, dit-il[2], dont on a su faire une science et, si ce mot se peut hasarder, un grimoire, pour que l'intelligence en soit cachée à ceux qui n'y sont pas initiés,... m'étoit tout à fait étrangère. » En général, l'esprit vif et perçant de Saint-Simon était plus fait pour l'opposition que pour l'action : il saisissait promptement et peignait avec force les vices du gouvernement; mais il était impuissant à y remédier.

A cette incapacité sur certaines questions se joignait l'emportement de son humeur. L'irritation de son amour-

1. *Histoire de la Régence*, tome I, p. 38.
2. *Mémoires*, tome XV, p. 46.

propre blessé le porta à des scènes de violence jusque dans le palais du Régent. Il y traita le premier président du Parlement, Jean-Antoine de Mesmes, avec une telle grossièreté de langage, que le conseiller d'État Caumartin, dans une lettre à sa sœur, la marquise de la Cour[1], dit qu'il se servit d'un *terme de crocheteur :* « La querelle des ducs et du Parlement est fort échauffée, écrivait-il, et M. d'Orléans fort embarrassé. M. de Saint-Simon a parlé en terme de crocheteur du premier président, en sa présence (en présence du Régent), qui n'a pas fait semblant de l'entendre. C'étoit dans la petite galerie de M. d'Orléans, qui a voulu l'ignorer, de crainte d'être obligé d'envoyer M. de Saint-Simon à la Bastille. »

Ces violences de langage, jointes à des prétentions aristocratiques qui semblaient mal justifiées, excitèrent contre Saint-Simon un soulèvement de l'opinion publique. Chansonné sous le nom de *Boudrillon*, à cause de sa petite taille, il fut critiqué et raillé avec acharnement[2]. Dans une des chansons dont il est l'objet, on s'adresse au Régent, en faisant allusion à la scène que nous venons de rappeler :

L'orgueil insupportable
Du petit mirmidon
  Boudrillon
Le rend impraticable
Jusque dans ta maison,
  Boudrillon.

Il traite de Jean-Fesse
De Mesme en ta maison,
  Boudrillon ;
Fais-lui dire la messe
Aux Petites-Maisons,
  Boudrillon, etc.

Et cependant la lutte contre le Parlement ne suffisait pas à ce *petit furibond*, comme l'appellent encore les sa-

1. Tome I, f°s 116 v° et 117, de la correspondance manuscrite citée plus haut, p. XXIV, note 2.

2. Chansonnier ms. de la Bibl. nat., fonds français 12696, p. 142.

tires du temps. Il irrita toute la noblesse en voulant faire des ducs et pairs un ordre à part. On s'en indignait jusque dans la famille du Régent. La sœur de ce prince, la duchesse de Lorraine, écrivait à la marquise d'Aulède[1] : « Je ne doute pas qu'il (le Régent) n'ait des favoris bien indignes et bien ingrats, témoin le petit duc de Saint-Simon, qui, à mon gré, est un indigne petit Monsieur.... Je suis sûre que tout ce qui s'est passé sur cela entre les ducs et la noblesse ne vient que de ce vilain mâtin-là. » Et plus loin : « Ce que vous me mandez de ce petit vilain M. de Saint-Simon me feroit bien du plaisir, si il étoit vrai que mon frère lui eût défendu de sortir de sa maison ; il l'auroit bien mérité.... Mais je crains que mon frère n'ait encore trop de foiblesse pour ce petit mâtin-là, qui en vérité ne le mérite pas. » Elle exprime plus loin[2] le regret que la nouvelle de la disgrâce de Saint-Simon soit fausse, et le poursuit des mêmes injures. La mère du Régent se moquait également, avec une rude franchise, des prétentions nobiliaires du petit duc.

Les amis de Saint-Simon étaient eux-mêmes forcés de condamner son humeur irascible. Le marquis de Louville écrivait, en 1716, au duc de Saint-Aignan[3] : « J'ai trouvé notre ami M. de Saint-Simon *plus méchant que jamais.* »

Le Régent, tout en estimant le caractère et l'affection dévouée de Saint-Simon, ne tarda pas à voir combien ses idées politiques étaient chimériques. La pluralité des conseils, ou *polysynodie*, substituée à l'action unique et vigoureuse des ministres, ne produisait que l'anarchie. Tout le monde en convenait : Saint-Simon lui-même fut forcé de reconnaître que cet essai de gouvernement, tenté pendant trois années (1715-1718), n'avait pas réussi ; mais il attribua cet échec à la mauvaise organisation des

1. *Lettres de la duchesse de Lorraine*, publiées par la Société d'archéologie lorraine (*Recueil de documents sur l'histoire de Lorraine*, Nancy, 1865, in-8°), p. 5 et p. 21.
2. *Ibidem*, p. 26 ; voyez aussi p. 44-45.
3. *Mémoires secrets du marquis de Louville*, tome II, p. 218.

conseils. On en revint à l'unité administrative : Dubois eut les affaires étrangères ; Law, les finances ; d'Argenson, la justice.

Dans les questions de politique extérieure, Saint-Simon n'eut pas plus de succès. Il aurait voulu unir étroitement l'Espagne et la France, gouvernées par deux branches de la maison de Bourbon : pensée généreuse et patriotique, mais à laquelle l'ambition d'Albéroni opposait un obstacle invincible. Ce ministre, que la faveur d'Élisabeth Farnèse avait placé à la tête de l'Espagne, aspirait à changer la face de l'Europe : il voulait reconquérir la Sicile et le Milanais, que les traités d'Utrecht avaient enlevés à l'Espagne ; rétablir les Stuarts sur le trône d'Angleterre, en se servant du roi de Suède Charles XII et de Pierre le Grand réconciliés ; enfin enlever la régence au duc d'Orléans et la donner au duc du Maine, qui aurait été le lieutenant de Philippe V.

Le Régent, menacé par Albéroni, s'unit étroitement avec l'Angleterre et la Hollande. L'abbé Dubois fut un des négociateurs de cette triple alliance, signée à la Haye en 1717, et bientôt transformée en quadruple alliance par l'accession de l'empereur Charles VI. L'abbé Dubois alla conclure à Londres, en 1718, cette coalition, que la France soutint les armes à la main : la chute et l'exil d'Albéroni en furent la conséquence. Saint-Simon a très-vivement blâmé dans ses *Mémoires* une politique qui, selon lui, asservit la France à l'Angleterre. Il l'appréciait tout autrement en 1718, si l'on en croit la correspondance de l'abbé Dubois conservée aux archives des Affaires étrangères, et c'est encore là une de ces contradictions que nous avons déjà remarquées entre la vie et les *Mémoires* de Saint-Simon[1].

Un point sur lequel Saint-Simon et Dubois furent d'ac-

1. M. Aubertin a signalé ce fait et publié une réponse de Dubois qui en fournit la preuve, dans son intéressant ouvrage intitulé : *l'Esprit public en France au dix-huitième siècle* (p. 91-92). J'ai pu moi-même consulter ces dépêches et les citer dans un article de la *Revue historique* (janvier 1876).

cord sans contestation, ce fut l'abaissement du Parlement et des princes légitimés par le lit de justice du 26 août 1718. Saint-Simon y savoura à longs traits le plaisir de la vengeance, si délicieux pour cet esprit ardent dans ses haines comme dans ses amitiés. Il faut rappeler ses expressions pour montrer jusqu'où il portait le délire de la passion : « Je me mourois de joie, dit-il à la vue de ses ennemis abattus[1]. J'en étois à craindre la défaillance : mon cœur, dilaté à l'excès, ne trouvoit plus d'espace à s'étendre.... Je triomphois, je me vengeois, je nageois dans ma vengeance ; je jouissois du plein accomplissement des desirs les plus véhéments et les plus continus de toute ma vie. » Rencontrant les regards de deux ducs et pairs qui partageaient ses sentiments, il s'écrie : « J'avalai par les yeux un délicieux trait de leur joie[2]. »

Cette vengeance même, Saint-Simon ne put la savourer complétement : il aurait voulu que le Régent, aussitôt après la découverte de la conjuration de Cellamare, fît arrêter le duc et la duchesse du Maine et les mît « en lieu dont on ne pût rien craindre[3], » et même, si l'on en croit le marquis d'Argenson[4], il allait beaucoup plus loin : « Ce petit *boudrillon* vouloit qu'on fît le procès à M. le duc du Maine et qu'on lui fît couper la tête ; et le duc de Saint-Simon devoit avoir la grande maîtrise de l'artillerie. Voyez un peu quel caractère odieux, injuste et anthropophage de ce petit dévot sans génie, plein d'amour-propre, et ne servant d'ailleurs aucunement à la guerre. » Le Régent résista aux conseils violents de Saint-Simon, qui s'irritait de ne trouver en lui que « foiblesse ou dissimulation[5]. » Ce fut probablement dans un de ces accès de colère que le petit duc s'écria, comme le rapporte

1. *Mémoires*, tome XVI, p. 464-465.
2. *Ibidem*, p. 465.
3. Tome XVII, p. 92.
4. *Mémoires du marquis d'Argenson* (édition Rathery), tome I, p. 46.
5. *Mémoires de Saint-Simon*, tome XVII, p. 160.

la mère du Régent[1] : « *Ah! vous voilà bien débonnaire; depuis Louis le Débonnaire, on n'a rien vu d'aussi débonnaire que vous.* Mon fils, ajoute la duchesse d'Orléans, faillit se rendre malade à force de rire. »

Saint-Simon, mécontent de la faiblesse du Régent et attaqué par de nombreux ennemis, eut un moment de profond découragement. Il écrivait, le 3 décembre 1718, à Valincour[2], du ton d'un philosophe dégoûté du monde et qui cherche à se faire oublier : « On persiste à me refuser ce que j'ai toujours souhaité, qui est de ne parler de moi ni en bien ni en mal : ce dernier est triste, le premier n'est guère permanent, tous deux souvent injustes. *Latere domi*[3] devient de plus en plus ma pratique, et, à mon gré, le souverain bien de ces temps-ci. Il seroit complet s'il produisoit l'oubli des hommes, pourvu que ce ne fût pas de gens comme vous, Monsieur, dont je desirerai toujours sincèrement l'amitié, l'estime et le commerce. »

Parmi les causes du découragement de Saint-Simon, il ne faut pas oublier l'élévation rapide de l'abbé Dubois. Après le succès des négociations de la triple et de la quadruple alliance, Dubois s'était emparé de la direction des affaires étrangères et était devenu ministre secrétaire d'État. Il fut bientôt nommé archevêque de Cambrai et sacré avec pompe, en présence du Régent. Saint-Simon tenta vainement d'empêcher ce prince d'assister à la cérémonie : Dubois, soutenu par une maîtresse du duc d'Orléans, triompha de cette opposition[4]. Il aspirait maintenant au cardinalat et à la dignité de premier ministre. Saint-Simon, qui avait protégé Dubois au début de sa carrière, s'indignait de sa fortune inouïe. La droiture et

1. *Correspondance complète de Madame duchesse d'Orléans* (édition Brunet, 1863), tome II, p. 126.

2. Jean-Baptiste du Trousset de Valincour, membre de l'Académie française. — Cette lettre a été publiée à la suite des *Mémoires* (1873-1875), tome XIX, p. 291-292.

3. Se tenir caché chez soi.

4. *Mémoires*, tome XVII, p. 429.

la noblesse de son âme se révoltaient du triomphe de cet esprit fin et délié, mais bas et perfide. Il ne voyait plus que ses vices et protestait avec énergie contre l'esclavage du Régent.

Des trois ministres principaux, Dubois, Law et d'Argenson, Law était le seul qui n'eût pas blessé Saint-Simon. D'Argenson n'avait pas voulu servir sa haine; Dubois affectait une supériorité qui l'offensait; Law, au contraire, lui faisait une cour assidue[1]. Il le pressait d'accepter des actions si recherchées de la compagnie des Indes, et, sur son refus, il lui payait les anciennes créances dont ni son père ni lui n'avaient pu obtenir le remboursement[2]. Aussi, dans les crises ministérielles qui survinrent, Saint-Simon se montra le protecteur de Law contre Dubois et d'Argenson. Les *Mémoires* glissent sur ces détails, probablement parce qu'il répugnait à notre auteur de se montrer à la postérité comme le défenseur d'un système qui avait un instant ébloui la France, mais qui n'avait pas tardé à succomber sous la réprobation publique. Les correspondances suppléent encore ici au silence de Saint-Simon[3].

Un autre fait dont Saint-Simon parle à peine[4], est le procès du duc de la Force, en 1721; et cependant il y joua un rôle, comme on le voit par la correspondance inédite de la marquise de la Cour[5]. Dans une lettre du 5 mars 1721, le maître des requêtes Louis-François de Caumartin de Boissy représente les ducs divisés en deux bandes. D'un côté, les partisans du duc de la Force, parmi lesquels figurait Saint-Simon, se réunissaient chez l'archevêque de Reims, qui était alors le cardinal de Mailly; de l'autre, ses adversaires tenaient leurs assemblées chez

1. *Mémoires*, tome XVII, p. 196-197.
2. *Ibidem*, p. 198-199. Voyez ci-dessus, p. XX.
3. Les lettres de Saint-Simon relatives à cette affaire ont été publiées en partie par M. Baschet, *le Duc de Saint-Simon*, p. 423 et suivantes, et plus complétement par M. Ad. Regnier fils (*Mémoires*, édition de 1873-1875, tome XIX, p. 296 et suivantes).
4. Tome XVIII, p. 131-132.
5. Tome VI, fol. 91 v°, du manuscrit de la bibliothèque Mazarine.

le duc de Luxembourg. « M. le prince de Conti, ajoute Caumartin de Boissy, qui, comme vous savez, a toujours été un des plus vifs sur cela (*sur le procès du duc de la Force*), prit l'autre jour à partie Saint-Simon sur son assemblée chez le cardinal de Mailly. Le Simon (*sic*) lui répondit avec son petit filet de vinaigre : *Pourquoi ne nous assemblerions-nous pas chez le cardinal de Mailly, puisque vous vous assemblez tous les jours chez M. de Luxembourg?* Le prince trouva que c'étoit plus tôt fait de répondre par un démenti et de dire que des visites chez un malade étoient fort différentes d'une assemblée en forme. Vous voyez qu'il y a passablement d'aigreur dans tout cela. » Saint-Simon ne s'est pas soucié d'avouer qu'il avait été un des défenseurs du duc de la Force, accusé d'accaparement de denrées à l'époque du Système, et flétri pour ce grief par un arrêt du Parlement.

Il y a donc des réticences plus ou moins volontaires dans les *Mémoires*. Nous l'avons déjà constaté pour les relations du duc avec Dubois. Selon lui, elles auraient toujours été froides ou hostiles; les correspondances prouvent, au contraire, qu'elles subirent des variations. En 1717 et 1718, pendant l'ambassade de l'abbé à Londres, elles avaient un caractère amical. En 1720, Saint-Simon, irrité de l'influence prédominante de Dubois, se déclara contre lui et voulut le renverser. Le ministre, exactement informé par le Régent lui-même de ces attaques, tenta de s'en venger.. Mais, trouvant le Régent inébranlable dans son amitié pour le duc, Dubois, chez qui l'ambition dominait tout autre sentiment, se réconcilia avec lui. Toutefois il n'y eut jamais dans leurs rapports ni sincérité ni confiance. En mars 1722, Saint-Simon écrit au cardinal Gualterio : « Je n'ai point encore imaginé de voie sûre pour notre commerce, tant M. le cardinal Dubois, qui est maître des postes, est bien servi et attentif; et, *quoique nous soyons, vous et moi, bien avec lui...*, il n'est pas sage de n'être pas sûr de ce qu'on s'écrit[1]. »

1. Voyez l'édition des *Mémoires* de 1873-1875, tome XIX, p. 326.

Tout en se réconciliant, au moins en apparence, avec Saint-Simon, Dubois fut bien aise de l'éloigner sous un prétexte honorable. Le duc fut nommé, en 1721, ambassadeur extraordinaire en Espagne et chargé de consolider, par un double mariage, l'union nouvellement rétablie entre les deux branches de la maison de Bourbon. Parti au mois d'octobre de cette année, avec une suite nombreuse, il déploya dans sa mission une pompe solennelle, et il s'est plu à en décrire les circonstances les plus importantes. Abstraction faite de l'intérêt national, cette ambassade procura à Saint-Simon de grandes satisfactions d'amour-propre et à sa famille des avantages honorifiques : l'aîné de ses fils y reçut la Toison d'or, et le cadet obtint une grandesse de première classe. « Ce sont de beaux présents de noces, dit Mathieu Marais[1], qui relèveront bien cette maison, et elle en avoit besoin. » Si l'on en croyait des bruits, sans doute exagérés, l'auteur des *Mémoires* aurait encore tiré de cette ambassade des sommes considérables[2]. Ce qui est certain, c'est que presque tous, même ses adversaires, reconnurent qu'il s'en était acquitté à son honneur. Le baron d'Hoym, qui représentait en France l'électeur de Saxe, et qui avait blâmé dans l'origine la mission de Saint-Simon en Espagne, déclare, lorsque l'ambassade est terminée, que ce duc n'a mérité que des éloges[3].

Nous disons presque tous, parce qu'on nous signale une exception, qui du reste ne doit pas étonner. L'ambassadeur ordinaire de France en Espagne, Maulévrier, que

1. *Journal et Mémoires*, tome II, p. 233.

2. *Mémoires du duc de Luynes*, tome VI, p. 428. On parlait de quatorze cent mille livres ; le duc de Luynes pense que c'est trop dire.

3. Je dois cette indication à M. le baron Jérôme Pichon, qui m'a lu plusieurs dépêches où le baron d'Hoym parle de Saint-Simon et reconnaît qu'il a parfaitement réussi. M. Pichon doit éditer ces dépêches dans un ouvrage sur le baron d'Hoym. Quant à l'ambassade de Saint-Simon en Espagne, M. Faugère, ministre plénipotentiaire et directeur des archives au ministère des Affaires étrangères, se propose de comprendre ceux des manuscrits inédits de notre auteur qui s'y rapportent dans une publication que nous attendons avec impatience.

Saint-Simon attaque dans ses *Mémoires*, le lui rend dans des dépêches adressées à Dubois. Cette curieuse correspondance, qui est entre les mains de M. Jules Desnoyers, membre de l'Institut, et qu'il se propose de publier prochainement, donne au lecteur le spectacle de deux ambassadeurs qui se décrient et s'accusent, et d'un ministre qui paraît écouter leurs griefs en se moquant de l'un et de l'autre[1].

A son retour en France, au mois d'avril 1722, Saint-Simon trouva le Régent et la cour de plus en plus dominés par Dubois, qui, déjà archevêque de Cambrai et cardinal, aspirait à la dignité de premier ministre. Le duc d'Orléans lui avait promis formellement cette récompense de ses services. Cependant Dubois, par un reste d'égards pour le duc de Saint-Simon, rechercha son appui et le fit solliciter par le comte de Belle-Isle. Saint-Simon montra peu de sincérité dans cette affaire. Il ménagea Dubois et lui donna des espérances, pendant qu'il s'efforçait de détourner le Régent de prendre un premier ministre[2]. En

1. Nous devons à l'obligeance de M. Jules Desnoyers la communication de quelques lettres inédites de Saint-Simon pendant son ambassade. On les trouvera à la suite de cette notice, appendice n° II.

2. Il faut rapprocher du passage des *Mémoires* où Saint-Simon raconte cette scène (tome XIX, p. 389), le récit attribué à un secrétaire de Dubois : « Il (le duc d'Orléans) résolut.... de faire le cardinal Dubois premier ministre.... Il consulta le duc de Saint-Simon, qu'il aimait et en qui il avait une confiance bien méritée. Ce seigneur n'approuva pas le projet du Régent et lui détailla les raisons de son improbation dans une conférence qui dura près de deux heures. Ce fut à l'issue de cette consultation que Son Altesse Royale dit au cardinal, pour lui en donner un avis indirect : *L'on m'a averti que tu pensais à être premier ministre, et que je me repentirais un jour de t'avoir tant élevé. C'est le duc de Saint-Simon qui m'a fait cette confidence.* Le cardinal, qui était depuis longtemps jaloux de l'amitié que Son Altesse Royale témoignait au duc, fut très-piqué de cette prétendue confidence. Il vint trouver M. Pecquet[a] dans son cabinet, et, après avoir quitté son manteau et son chapeau.... sans vouloir s'asseoir, pour mieux gesticuler, il lui dit tout en colère : *Que direz-vous, Monsieur? vous ne le croirez sûrement pas. Ce fripon, ce coquin de duc de Saint-Simon vient de faire entendre à S. A. R. que*

a Principal commis au ministère des Affaires étrangères.

sortant de l'audience du duc d'Orléans, Saint-Simon trouva Belle-Isle, le confident et l'émissaire de Dubois, et lui jeta ces mots au passage : « Je tiens l'affaire faite. » Et en effet, le lendemain, 22 août 1722, Dubois fut déclaré premier ministre. Saint-Simon, en châtiment de sa dissimulation, fut obligé de subir les bruyantes démonstrations de la reconnaissance, plus ou moins sincère, du cardinal. Dubois, parvenu au comble du pouvoir, n'en jouit pas une année entière : il mourut le 10 août 1723, et Saint-Simon s'est chargé de faire son oraison funèbre et de la graver en caractères ineffaçables[1].

A l'époque de la toute-puissance du cardinal Dubois, Saint-Simon s'était éloigné de la cour; il n'y revint qu'après la mort du premier ministre. Le duc d'Orléans l'accueillit avec bienveillance; mais ce prince n'était plus que l'ombre de lui-même. « Je vis, dit Saint-Simon, un homme la tête basse, d'un rouge pourpre, avec un air hébété, qui ne me vit seulement pas approcher. Ses gens le lui dirent; il tourna la tête lentement vers moi, sans presque la lever, et me demanda d'une langue épaisse ce qui m'amenoit[2]. » Peu de jours après, le 2 décembre 1723, Saint-Simon apprit que le duc d'Orléans venait de mourir, frappé d'une attaque d'apoplexie. Ce fut un coup terrible pour lui : il ne perdait pas seulement un ami auquel, malgré un contraste complet d'idées et de conduite, il était resté sincèrement attaché, mais il sentait que sa carrière politique était finie. Monsieur le Duc (Henri-Jules de Bourbon-Condé), qui fut déclaré premier ministre, et

je songeais à être premier ministre. Vous savez, Monsieur, que rien n'est plus faux et que cela est bien éloigné de ma pensée et de ma conduite. Me voilà perdu! Son Altesse Royale va se mettre cette chimère en tête; j'en suis au désespoir. » (*Vie privée du cardinal Dubois*, Londres, 1789, in-8°, p. 300-301.) Cet ouvrage est rempli d'aventures romanesques et mérite peu de confiance; cependant il paraît certain qu'il a été composé avec les matériaux fournis par un secrétaire de Dubois, nommé la Houssaye-Pegeault; c'est du moins ce qu'atteste une note jointe à l'exemplaire manuscrit que possède M. le baron Jérôme Pichon.

1. *Mémoires*, tome XX, p. 8 et suivantes. — 2. *Ibidem*, p. 29.

l'évêque de Fréjus, précepteur du Roi, qui exerçait la plus grande influence sur le jeune Louis XV, n'avaient pas les mêmes motifs que le duc d'Orléans pour ménager Saint-Simon. On lui fit entendre que sa présence à Versailles ne plaisait pas à la nouvelle cour. « Il ne m'en falloit pas tant, dit-il[1], pour me confirmer dans le parti que, de longue main, j'avois résolu de prendre.... Je m'en allai à Paris, bien résolu de ne paroître devant les nouveaux maîtres du Royaume que dans les rares nécessités, ou de bienséances indispensables, et pour des moments. »

Saint-Simon avait alors près de quarante-neuf ans. Il était dans toute la force de l'âge et du génie. C'est le moment de l'étudier au physique et au moral. Aucun de ses contemporains ne nous a tracé de lui un portrait qui le fasse revivre à nos yeux. On trouve seulement çà et là quelques traits ébauchés. La marquise d'Huxelles dit qu'il était de *petite constitution*[2]. Nous avons vu[3] que les chansons du temps de la Régence et le marquis d'Argenson l'appelaient *petit boudrillon;* que l'avocat Prévôt, dans son récit de la séance du Parlement en date du 2 septembre 1715, parlant de la protestation du duc, dit que sa *petite voix* essayait de se faire entendre, et Caumartin appelait cette voix un *petit filet de vinaigre.* Ainsi, apparence chétive, petite taille, voix aigrelette, voilà les seuls traits qu'à ma connaissance fournissent les documents écrits. Il faut y ajouter le portrait de Saint-Simon peint vers l'époque de son mariage ; on y voit qu'il avait l'œil vif et la physionomie spirituelle. Il fait entendre, dans ses *Mémoires*[4], qu'il dansait avec grâce. Enfin, n'oublions pas cette tête de vieillard fumant comme un volcan[5], dont parle un de ceux qui le virent dans sa vieillesse.

1. *Mémoires*, tome XX, p. 76.
2. Lettre du 17 avril 1704, citée en note par les éditeurs du *Journal de Dangeau*, tome IX, p. 488.
3. Ci-dessus, p. XLIV et XLVII. — 4. Tome I, p. 33.
5. Voyez la notice de Sainte-Beuve sur Saint-Simon, tome I, p. XXX, de l'édition de 1856.

Au moral, Saint-Simon s'est peint lui-même dans ses *Mémoires*. Observateur curieux et sagace, avide d'anecdotes, habile à saisir les traits des physionomies et à scruter les secrets des cœurs, il savait interroger adroitement les courtisans, hommes et femmes, et augmenter sans cesse son recueil de notes et d'informations. Sa mémoire était des plus heureuses et lui retraçait vivement les scènes dont il avait été témoin. D'une imagination hardie, puissante, tour à tour gracieuse et forte, variée comme cette société qu'il veut peindre, il s'est créé une langue à part, pittoresque, nerveuse, âpre jusqu'à la violence, parfois triviale, incorrecte, elliptique, et même obscure, mais d'une richesse et d'une fécondité incomparables. Ami dévoué jusqu'à la passion, ennemi irréconciliable et implacable, extrême dans tous les sentiments, il est sujet, malgré sa bonne foi et sa sagacité, à prendre ses imaginations pour des réalités. Il excelle dans les portraits ; mais ce genre a ses dangers : quelques traits saisis et exagérés par la prévention peuvent dénaturer les figures les plus nobles et les transformer en caricatures grotesques. L'extraordinaire et le merveilleux le séduisent; il admet avec une crédulité étonnante les récits d'empoisonnements, les scènes de sorcellerie et d'apparitions mystérieuses. Épris de chimères politiques, il rêve une aristocratie de ducs, conseil suprême des rois ; il traite les parlements et la plus grande partie de la nation en plèbe vulgaire. Et cependant Saint-Simon aimait la France; il avait souci de sa gloire : il prépara des projets de gouvernement pour le duc de Bourgogne, qui promettait un règne si heureux, et dont il pleura amèrement la mort prématurée. La pureté morale de Saint-Simon et la sincérité de ses sentiments religieux contrastent avec la corruption et le scepticisme de son temps. C'est un homme d'un autre siècle, obstiné dans ses idées, et, comme disait le Régent, « d'une suite enragée. » Il a un vif sentiment de l'honneur; mais cet honneur, ses préjugés le placent souvent dans des questions d'étiquette qui priment à ses yeux les affaires d'État. En un mot, la vie et le génie de Saint-Simon présentent un mélange étonnant de grandeur réelle et de vanité puérile. Son œuvre a les mêmes mérites et les mêmes défauts : il y a mis son âme tout entière.

A un homme qui, depuis trente ans, méditait et préparait cet immense travail, les loisirs que laisse l'éloignement de la vie politique ne pouvaient peser ; il vivait de sa passion, d'autant plus ardente que rien ne la manifestait au dehors, et qu'elle le vengeait de toutes les injustices dont il accusait la fortune.

V

VIE PRIVÉE ET MORT DE SAINT-SIMON (1723-1755)

Saint-Simon demeure à Paris, rue Saint-Dominique. — Sa famille. — Mariage de sa fille. — Mort de sa mère (1725). — Ses deux fils. — Leur mariage. — Leur première campagne (1733). — Ils sont nommés brigadiers des armées du Roi (1734). — Saint-Simon, après le mariage de ses fils, habite le plus souvent la Ferté et y écrit la plus grande partie de ses *Mémoires*. — Mort de la duchesse de Saint-Simon (1743). — Douleur du duc. — Il perd son fils aîné (1746). — Ses embarras pécuniaires. — Mariage de sa petite-fille avec le comte de Valentinois (1749); il sollicite vainement pour le comte de Valentinois un titre de duc à brevet. — Machault refuse à Saint-Simon le rétablissement de sa pension de la Régence. — Mort du second fils de Saint-Simon (1754). — Mort de Saint-Simon (1755).

Après avoir quitté la cour, Saint-Simon vint s'établir à Paris, dans la rue Saint-Dominique. Il avait vendu, en 1715, au duc de la Force, l'hôtel de la rue des Saints-Pères, où il était né, et avait loué une maison qui appartenait au Noviciat des Dominicains (aujourd'hui Direction d'artillerie). Elle avait une porte donnant entrée dans les jardins du couvent[1], et l'on pouvait se rendre par ces jardins à l'église du Noviciat, qui est maintenant la paroisse Saint-Thomas d'Aquin. Les *Mémoires* permettent de fixer approximativement la position de cette maison : ils disent qu'elle était située en face de l'hôtel d'Asfeld et à peu de distance de l'hôtel de Luynes[2]. Ces indications ne peuvent convenir qu'aux maisons portant aujourd'hui les numéros 38 ou 36 de la rue Saint-Dominique. Saint-Simon occupait les bâtiments situés au fond de la cour et don-

1. *Mémoires*, tome XIV, p. 171.
2. Tome XII, p. 361, et tome XVI, p. 410.

nant sur les jardins du couvent. Le lieutenant général de Fourilles habitait le corps de logis qui longeait la rue.

Ce fut là que Saint-Simon vécut longtemps entouré de sa famille la plus intime : elle se composait alors de sa femme, de sa mère et de ses trois enfants, une fille et deux fils.

L'aînée, Charlotte de Saint-Simon, était née le 8 septembre 1696. Son père et sa mère avaient d'abord repoussé toute idée de mariage pour elle. Le duc de Luynes explique et justifie leur conduite : « Mlle de Saint-Simon, dit-il[1], est si petite, si contrefaite et si affreuse, que M. et Mme de Saint-Simon, bien loin de songer à la marier, ne cherchoient qu'à la cacher aux yeux du public. M. de Saint-Simon étoit en grande faveur auprès de feu M. le duc d'Orléans : cette raison détermina apparemment M. de Chimay à lui demander sa fille en mariage. M. de Saint-Simon, qui est extrêmement énergique dans ses expressions, répondit à M. de Chimay par une description très-détaillée, et même outrée, s'il est possible, de toutes les imperfections de sa fille. » Le prince de Chimay persista néanmoins dans son projet, et, soutenu par Charlotte de l'Aubespine, aïeule de Charlotte de Saint-Simon, il triompha de l'opposition du père et de la mère. Le mariage eut lieu le 16 juin 1722, et, dès le 6 octobre de la même année, Saint-Simon était obligé de solliciter pour son gendre l'appui du contrôleur général des finances le Peletier de la Houssaye[2]. Le prince de Chimay était un grand seigneur criblé de dettes, qui avait cru, en épousant Mlle de Saint-Simon, épouser la fortune et le crédit de son beau-père. Il habita quelque temps avec sa femme, chez le duc de Saint-Simon, dans l'hôtel de la rue Saint-Dominique. Mais, n'ayant pas trouvé la réalisation de ses espérances, il retourna en Belgique, où demeurait sa fa-

1. *Mémoires du duc de Luynes*, tome III, p. 137.

2. Voyez sa lettre du 6 octobre 1722, dans l'édition des *Mémoires* de 1873-1875, tome XIX, p. 327.

mille, tandis que la princesse de Chimay restait à Paris, avec ses parents[1].

La mère du duc de Saint-Simon, qui avait, malgré son fils et sa belle-fille, décidé la conclusion de ce triste mariage, n'y survécut pas longtemps : elle mourut en 1725. Jusqu'aux derniers moments de sa vie, son fils, dont elle avait entouré l'enfance et la jeunesse de soins si intelligents, ne cessa de lui témoigner respect et affection. Elle avait conservé la principale autorité dans la famille, et, comme le dit notre auteur, « elle étoit accoutumée à décider[2]. »

Pendant le ministère de Monsieur le Duc (1723-1726), Saint-Simon s'effaça, sans toutefois cesser de prendre un vif intérêt aux affaires publiques. On en trouve la preuve dans une lettre qu'il écrivit le 25 juillet 1725 à l'évêque de Fréjus[3]. C'était le moment où des fêtes éclatantes célébraient le mariage du jeune roi avec Marie Leczinska. Saint-Simon, frappé du contraste des magnificences de la cour et de la misère des campagnes, s'efforça de toucher le cœur de l'évêque : « Au milieu des profusions de Strasbourg et de Chantilly, lui écrivait-il, on vit en Normandie d'herbes des champs. Je parle en secret et en confiance à un François, à un évêque, à un ministre, et au seul homme qui paroisse avoir part à l'amitié et à la confiance du Roi, et qui lui parle tête à tête, du Roi qui ne l'est qu'autant qu'il a un royaume et des sujets, qui est d'un âge à en pouvoir sentir la conséquence, et qui, pour être le premier roi de l'Europe, ne peut être un grand roi, s'il ne l'est que de gueux de toutes conditions, et si son royaume se tourne en un vaste hôpital de mourants et de désespérés, à qui on prend tout chaque année en pleine paix. » Ce langage énergique, qui rappelle si

1. Elle n'eut point d'enfants, devint veuve en 1740, et vécut jusqu'en 1764.

2. *Mémoires*, tome XIX, p. 315.

3. Lémontey a cité, dans son *Histoire de la Régence* (tome II, p. 218, note 1), un fragment de cette lettre, qui doit être aux archives des Affaires étrangères.

bien la lettre de Fénelon à Louis XIV[1], honore Saint-Simon et prouve que les préoccupations du duc et pair n'avaient pas étouffé dans son cœur les inspirations généreuses du citoyen.

Lorsque, en 1726, l'évêque de Fréjus remplaça le duc de Bourbon comme premier ministre, Saint-Simon reprit quelque crédit. Il fut compris dans la promotion des chevaliers du Saint-Esprit de 1728 ; mais ce fut surtout pour ses fils qu'il profita de la bienveillance du cardinal de Fleury. Il en avait deux : Jacques-Louis, né à Paris le 29 juillet 1698, et Armand-Jean, né à Paris le 12 août 1699. L'aîné était mestre de camp d'un régiment de cavalerie et chevalier de l'ordre espagnol de la Toison d'or; son père s'était démis du duché en sa faveur, et, depuis 1722, il portait le titre de duc de Ruffec[2]. Le second fils était également mestre de camp de cavalerie, et il avait été nommé grand d'Espagne de première classe pendant l'ambassade de son père, en 1722. Il prenait, à la cour, le nom de marquis de Ruffec. Parés de titres éclatants, les deux frères n'avaient point encore paru sur les champs de bataille, et leur petite taille les avait fait surnommer les *Bassets*[3].

En général, les mémoires du temps ne leur sont pas favorables. Le duc de Luynes dit que l'aîné, le duc de Ruffec, avait épuisé sa santé par des excès de jeunesse[4]. Sa froideur et son silence étaient, pour les uns, une preuve de hauteur, et, pour d'autres, de peu d'esprit[5]. On lui reprochait, comme à son père, sa morgue aristocratique. Mathieu Marais[6] répète un des propos que l'on prêta à « un fils du duc de Saint-Simon, » infatué de sa di-

1. Voyez ci-dessus, p. XVIII.
2. La terre de Ruffec, titrée en marquisat, venait d'Éléonore de Volvire, mère de Charlotte de l'Aubespine.
3. Voyez le *Chansonnier* de la Bibliothèque nationale, ms. Fr. 12705. *passim*.
4. *Mémoires*, tome VII, p. 343, note 1.
5. *Ibidem*.
6. *Journal et Mémoires*, tome I, p. 350.

gnité. Au moment où se répandit le bruit du mariage du duc de Richelieu avec Mlle de Charolais, sœur du duc de Bourbon, le duc de Ruffec aurait dit : « La voilà bien malheureuse d'avoir épousé un duc et pair! Mademoiselle de Valois (*fille du Régent*) ne vient-elle pas d'épouser un gentilhomme de campagne? » C'était le fils du duc de Modène, François-Marie d'Este, que le jeune duc de Ruffec traitait de gentilhomme campagnard et plaçait au-dessous des ducs et pairs. Sa fatuité s'affichait aussi par ses galanteries avec la marquise de Maillebois, et les courtisans ne manquèrent pas de célébrer ironiquement ses exploits amoureux en parodiant des vers de l'opéra de *Persée*[1] :

> Que le ciel pour *Basset* est prodigue en miracles!

Le fils aîné de Saint-Simon épousa, en 1727, Catherine-Charlotte-Thérèse de Gramont, veuve du prince de Bournonville et fille d'une sœur du duc de Noailles (Adrien-Maurice). Son père, qui avait ce dernier personnage en horreur, ne céda pas sans peine aux instances de toute sa parenté, et la réconciliation fut peu sincère. Le mariage eut lieu le 26 mars 1727, et, l'année suivante, naquit Marie-Christine-Chrétienne de Saint-Simon, qui devint comtesse de Valentinois.

Le duc de Ruffec servit, en 1733, dans l'armée du Rhin, qui était commandée par le maréchal de Berwick et, sous ses ordres, par plusieurs lieutenants généraux, entre lesquels on distinguait le marquis d'Asfeld et le comte de Belle-Isle[2]. Saint-Simon écrivit, le 5 octobre, à ce dernier, pour lui recommander son fils; et peu de jours après[3], il le remercia affectueusement de la bienveillance qu'il avait témoignée au duc de Ruffec et du

1. *Journal et Mémoires de Mathieu Marais*, tome II, p. 442.

2. Charles-Louis-Auguste Foucquet, comte, puis duc de Belle-Isle, que Saint-Simon n'a pas toujours traité en ami dans ses *Mémoires*, devint maréchal de France en 1741 et mourut en 1761.

3. Voyez ces lettres du 5 et du 7 octobre dans l'édition des *Mémoires* de 1873-1875, tome XIX, p. 340-344.

soin avec lequel il dirigeait son instruction militaire. Ces leçons de l'expérience étaient fort nécessaires à un jeune homme devenu colonel, comme tant d'autres alors, avant d'avoir été « soldat[1]. » Le duc de Ruffec, après cette campagne, fut promu au grade de brigadier des armées ; mais sa santé, depuis longtemps affaiblie, ne lui permit plus de supporter les fatigues de la guerre. Il donna sa démission en 1735, et, depuis cette époque, ne fit plus que languir jusqu'à sa mort, qui arriva en 1746.

Le second fils de Saint-Simon, Armand-Jean de Rouvroy, marquis de Ruffec, avait été nommé brigadier des armées en même temps que son frère, en 1734. Cette faveur, accordée à un jeune homme qui, lui non plus, n'avait jamais figuré dans les armées, fut due à la protection du ministre de la guerre, Bauyn d'Angervilliers, dont le marquis avait épousé la fille unique, veuve du président de Maisons. Ce riche mariage, suivi d'une promotion peu justifiée, excita la jalousie des courtisans, et les épigrammes n'épargnèrent ni le ministre ni son gendre :

Le pauvre monsieur Bauyn
Alors voulut un gendre ;
Le pauvre monsieur Bauyn
Prit des *Bassets* le plus vilain.
Quel soutien pour la guerre
Que son père et son frère !
Dès qu'on les verra,
Chacun tremblera,
L'ennemi fuira.

La marquise de Ruffec n'était pas plus que son mari

1. Le mot est du temps. Dans une comédie de Boursault, *Ésope à la cour*, imprimée en 1701, un jeune colonel dit naïvement à Ésope (acte IV, scène IV) :

Je ne suis point soldat, et nul ne m'a vu l'être ;
Je suis bon colonel, et qui sert bien l'État.

Et Ésope lui répond :

Monsieur le colonel, qui n'êtes point soldat....

à l'abri des traits satiriques. Les chansons du temps la traitent de *laideron*.

Il (*Bauyn*) unit avec son laideron
Un échappé de Saint-Simon,
A mine chétive et sinistre,
Un vilain boudrillon.

Un écrivain plus sérieux que ces faiseurs de couplets, le marquis d'Argenson, parle aussi de la laideur des deux nouveaux époux et rapporte en ces termes un bruit public : « Ces deux magots s'aimeroient tant, disait-on, que ce seroit un ménage exemplaire. » Mais, si l'on en croit le même narrateur, la marquise de Ruffec avait l'humeur galante et l'esprit caustique : ses propos médisants excitèrent des plaintes, et le marquis de Ruffec prit un « air sombre et ténébreux [1]. » Aux chagrins domestiques se joignait une santé déplorable, qui devait le conduire à une mort prématurée, sans qu'il laissât de postérité.

Après le mariage de ses deux fils, Saint-Simon habita le plus ordinairement son château de la Ferté-Vidame, auprès de Chartres. Ce domaine, acheté par son père en 1635, avait toujours été la terre de prédilection de notre auteur. Il ne nous a pas laissé de description du château, et, comme les bâtiments ont été détruits, nous ne pouvons nous le représenter qu'à l'aide de l'ancienne gravure et de l'inventaire après décès reproduits par M. Baschet. C'était une véritable demeure féodale, entourée de fossés remplis d'eau. L'enceinte comprise entre ces fossés formait un quadrilatère, dont deux faces étaient occupées par des bâtiments flanqués de tours rondes et carrées. L'inventaire de 1755 énumère antichambre, salle à manger, salon de compagnie, salle de billard, salle de jeu, bibliothèque précédée d'un cabinet, deux cabinets de travail, où Saint-Simon écrivit la plus grande partie de ses *Mémoires*, cinq chambres à coucher, chartrier dans la grosse tour, etc., le

1. *Mémoires*, édition Rathery, tome I, p. 182-183.

tout garni de meubles et de tableaux. Les autres bâtiments, dont ne parle pas l'inventaire, étaient destinés aux gens de service, aux cuisines, remises, écuries, etc. Les chambres du château avaient vue sur le parc, qui existe encore, ou sur la vaste cour qu'entouraient de deux côtés les corps de logis et les communs.

L'église de la Ferté, telle qu'on la voit encore[1], avait été bâtie par le duc Claude. Louis de Saint-Simon y fit ajouter un caveau pour la sépulture de sa famille. La duchesse, sa femme, qui savait s'associer aux pensées de son mari et leur donner un caractère d'utilité pratique et de charité chrétienne, fonda à la Ferté un hôpital pour six lits[2].

Il est probable que c'est à la Ferté, où il avait sous la main ses notes et ses livres, que Saint-Simon écrivit ses Additions au *Journal de Dangeau* et commença la rédaction définitive des *Mémoires*, qu'il conduisit, sans interruption, depuis 1691 jusqu'à la moitié de l'année 1711. Plusieurs dates qu'il indique lui-même, et sur lesquelles nous insisterons en parlant de la composition de l'ouvrage, justifient cette hypothèse.

Son travail fut tout à coup suspendu par le plus grand malheur qui ait troublé sa vie : la duchesse de Saint-Simon mourut à la Ferté, le 21 janvier 1743, « d'une fluxion de poitrine accompagnée de fièvre maligne[3]. » Elle avait soixante-cinq ans, d'après l'acte de décès[4].

1. Une vue de cette église a été donnée dans l'*Annuaire d'Eure-et-Loir pour* 1851.

2. *Annuaire d'Eure-et-Loir pour* 1851.

3. *Mémoires du duc de Luynes*, tome IV, p. 394.

4. M. Frère, l'auteur des intéressants articles sur la Ferté-en-Thimerais ou la Ferté-Vidame publiés dans l'*Annuaire d'Eure-et-Loir pour* 1851, a extrait des registres paroissiaux de la Ferté l'acte de décès et d'inhumation de la duchesse de Saint-Simon. En voici le texte[a], tel qu'il fut rédigé par le curé, d'après les indications qu'il reçut du château : « L'an mil sept cent quarante-trois, le lundi vingt et un janvier, est décédée très-haute et très-puissante dame Madame MARIE-GABRIEL (*sic*)

[a] Nous avons fait collationner sur les originaux cet acte de décès et celui que nous donnons plus loin, p. LXXI, note 3.

Saint-Simon, éperdu de douleur, se retira à l'abbaye de la Croix[1], chez l'abbé de Mathan, son ami. Il a, plus tard, consigné dans son testament l'expression de ses sentiments de tendresse pour sa femme et de la douleur profonde que sa mort lui avait causée. Après y avoir recommandé que son corps soit placé à côté de celui de la duchesse de Saint-Simon, dans le caveau funèbre de l'église de la Ferté, il ajoute : « Je veux aussi et ordonne très-expressément qu'il soit mis et rivé sur nos deux cercueils une plaque de cuivre, sur chacune desquelles soient respectivement gravés nos noms et âges, *le jour, trop heureux pour moi, de notre mariage*, et celui de notre mort; que, sur la sienne, autant que l'espace le pourra permettre, soient gravées ses incomparables vertus, sa piété inaltérable de toute sa vie, si vraie, si simple, si constante, si uniforme, si solide, si admira-

de Durfort Lorge, épouse de très-haut et très-puissant seigneur Monseigneur Louis duc de Saint-Simon, pair de France, comte de Rasse, grand d'Espagne de la première classe, chevalier des ordres du Roi, gouverneur pour Sa Majesté de la ville, citadelle et comté de Blaye, gouverneur et grand bailli de Senlis, vidame de Chartres, marquis de Ruffec, comte de la Ferté-Vidame, baron des baronnies d'Aysie, Empuré, Martreuil et Verrières, seigneur du Vitrezay, du Marais de Saint-Simon en Guyenne, et autres terres, âgée de soixante-cinq ans ou environ, après avoir reçu le sacrement de l'extrême-onction par les mains de M[tre] Jean-Charles Paris, prêtre, vicaire de ce lieu; et a été inhumée dans cette église avec les cérémonies accoutumées, cejourd'hui jeudi, vingt-quatre de janvier du susdit an. Ladite inhumation s'est faite, de mon consentement, par M. de Vion, curé d'Apres, diocèse d'Évreux, avec l'assistance des frères des Charités d'Apres et de Senonches; en présence de M[tre] François-Guillaume du Guay, curé des Ressuintes; de M[tre] Vallou, curé de Boissy; de M[tre] Louis-François Violot, curé de Brezolles; de M[tre] Claude Bordes, chanoine régulier, prieur de Revercourt; de M[tre] Jacques-François de Bouvigny, curé de Saint-Victeur; des Srs Nicolas-Marie Auvray, intendant de Monseigneur le duc de Saint-Simon, et Jean-Jessé Auvray de Finville, son frère, qui ont signé avec nous[a] le présent acte. »

1. L'abbaye de la Croix-Saint-Leufroy, entre Évreux et Gaillon.

[a] C'est le curé du lieu qui parle. Il a signé, à la suite des susnommés : N. S. Delan, *ch. rg.*, *p[r] curé de Lamblore et de la Ferté-Vidame.*

ble, si singulièrement aimable, qui l'a rendue les délices et l'admiration de tout ce qui l'a connue; et, sur toutes les deux plaques, la tendresse extrême et réciproque, la confiance sans réserve, l'union intime, parfaite, sans lacune, et si pleinement réciproque, dont il a plu à Dieu bénir singulièrement tout le cours de notre mariage, qui a fait de moi, tant qu'il a duré, l'homme le plus heureux, goûtant sans cesse l'inestimable prix de cette perle unique, qui, réunissant tout ce qu'il est possible d'aimable et d'estimable avec le don du plus excellent conseil, sans jamais la plus légère complaisance en elle-même, ressembla si bien à la femme forte décrite par le Saint-Esprit; de laquelle aussi la perte m'a rendu la vie à charge, et le plus malheureux de tous les hommes, par l'amertume et les pointes que j'en ressens, jour et nuit, en presque tous les moments de ma vie[1]. »

Pendant près de six mois, Saint-Simon suspendit la rédaction de ses *Mémoires*. Il semble même qu'il ait voulu consigner l'expression de sa douleur à la page 1153 de son manuscrit : sa main, peu exercée au dessin, y a tracé une croix entourée de flammes et de larmes, comme celles que l'on représente sur les tentures funèbres.

Trois ans après la mort de la duchesse, un nouveau coup vint frapper le vieillard : il perdit son fils aîné, le duc de Ruffec, le 15 juillet 1746[2]. D'après le contrat de mariage du duc et de la duchesse de Ruffec, Saint-Simon devait, en cas de mort du mari, payer à la veuve une rente de trente mille francs. Les embarras pécuniaires vinrent alors se joindre aux chagrins domestiques. Il ne s'était jamais occupé de l'administration de sa fortune ; sa femme avait tâché de suppléer à son incapacité financière et dirigé de son mieux ses affaires d'intérêt. Mais cela n'empêcha point qu'à la mort de son fils, il ne se trouvât insolvable, malgré des revenus considérables. « Il jouit au-

1. Voyez le texte du testament dans le tome XX des *Mémoires*, p. 97-104.

2. *Mémoires du duc de Luynes*, tome VII, p. 343.

jourd'hui, écrivait le duc de Luynes en 1743[1], de cent soixante-treize mille livres de rente, sur quoi il a donné à chacun de ses garçons, en les mariant, vingt mille livres de rente, et dix mille livres, aussi de rente, à Mme de Chimay, sa fille. Il doit neuf cent mille livres en rente constituée au denier vingt (cinq pour cent), et deux cent mille livres de dettes exigibles. Il doit, outre cela, à ses enfants cinq cent mille écus, qui est le bien de Mme de Saint-Simon, dont il revient cinquante mille livres à la fille, et le reste à MM. de Ruffec.... M. de Saint-Simon est l'homme du monde le plus incapable d'entendre les affaires d'intérêt, quoique cependant il soit extrêmement instruit sur toutes autres matières. »

Reconnaissant l'impossibilité de payer ses dettes, il se vit contraint de passer avec ses créanciers, le 9 juin 1748, un contrat par lequel il leur abandonnait les revenus de tous ses biens[2], et de se mettre, pour ainsi dire, en tutelle.

Vers cette époque, il quitta l'hôtel de la rue Saint-Dominique. Il alla occuper dans un quartier plus éloigné, rue du Cherche-Midi, une maison qui dépendait du couvent des filles du Saint-Sacrement[3]. C'est dans la chapelle particulière de cette maison que fut célébré, le 10 décembre 1749[4], le mariage de sa petite-fille, Marie-Christine-Chrétienne de Saint-Simon, avec Charles-Maurice Grimaldi de Monaco, comte de Valentinois. Saint-Simon aurait voulu obtenir un brevet de duc pour celui qui allait devenir son petit-fils. Il pria le comte d'Argenson, ministre de la guerre, de demander cette grâce au Roi.

1. *Mémoires*, tome IV, p. 445.

2. M. Baschet a publié, p. 19-21 de l'ouvrage souvent cité, la requête de Saint-Simon à l'effet d'obtenir l'homologation du contrat passé avec ses créanciers.

3. Le couvent des filles du Saint-Sacrement avait son entrée rue Cassette et s'étendait jusqu'à la rue du Cherche-Midi. L'ouverture de la rue de Rennes a fait disparaître la partie de la rue Cassette où était établi ce couvent.

4. M. Baschet donne à tort (p. 13, note) la date de 1750.

« Les malheurs de ma famille, lui écrivait-il le 2 novembre 1749[1], me réduisent à une petite-fille, et à la marier avec un cadet de bonne maison, mais cadet sans rang. Je vous avoue que cela me pénètre d'autant plus qu'elle auroit épousé M. de Monaco[2], s'il n'avoit pas la tête tournée de sa comédienne. Je vois ma petite-fille sans rang jusqu'à la mort de mon fils[3], qui est d'âge à lui faire attendre longtemps sa grandesse. Je desirerois donc passionnément obtenir un brevet de duc en faveur du mariage. La naissance des deux le comporte. Cela n'a point de succession. Oserois-je dire que j'ai passé ma vie en des emplois honorables, auxquels je n'ai point fait honte, ni par ma conduite depuis? Le mariage est sûr; cette grâce n'en est pas une condition. Vous êtes le seul à qui j'en ouvre mon cœur. Je vous en conjure donc de vouloir représenter ces choses au Roi, et de les vouloir appuyer de votre crédit et de votre bien dire. » La faveur sollicitée par Saint-Simon ne lui fut pas accordée.

Il ne réussit pas davantage dans la demande qu'il adressa au Roi pour le rétablissement de sa pension de la Régence[4]. « J'ai cru, écrivait-il au comte d'Argenson[5], j'ai cru, dans la situation où je suis, pouvoir faire rétablir ma pension de la Régence, que je rendis quand j'en sortis, parce qu'alors je pouvois m'en passer, et je suis le seul qui ne l'ait pas conservée en nature, ou changée en une autre sorte de grâce. Monsieur le contrôleur général[6] m'a témoigné en cette occasion particulière l'humanité qu'il montre en général à tout le Royaume; et j'ai été refusé,

1. Cette lettre a été publiée dans le tome XIX des *Mémoires de Saint-Simon* (1873-1875), p. 355 et 356.

2. Honoré-Camille-Léonor, prince de Monaco, frère aîné du comte de Valentinois. Il ne se maria qu'en 1757.

3. Le second duc de Ruffec mourut en 1754. Sa grandesse passa à Mme de Valentinois et lui donna le rang de duchesse.

4. Pension de vingt mille livres accordée aux membres du Conseil de régence.

5. Lettre du 9 mai 1750; *Mémoires* (1873-1875), tome XIX, p. 359-360.

6. Machault d'Arnouville, contrôleur général depuis 1745.

quoique, pour cette fois, j'aie lieu de croire que le Roi avoit envie de l'accorder. Vous êtes, Monsieur, témoin de mes deux autres refus[1], et je ne crois pas que vous trouviez pas une de ces trois demandes ni déraisonnable, ni au delà de ma portée et de mes besoins. Le Roi est le maître, à qui le plus profond respect est dû, et duquel les plaintes sont odieuses. Je m'en tiendrai à ne plus m'exposer au refus, et à compter sur une disgrâce que je n'ai point méritée et dont on ne peut dire la cause. »

Après le mariage de sa petite-fille, Saint-Simon quitta l'habitation de la rue du Cherche-Midi et loua, par acte du 20 février 1750, une maison sise rue de Grenelle-Saint-Germain[2], près du couvent de Pentemont[3]. Ce fut son dernier asile à Paris; il y resta jusqu'à sa mort.

Au milieu des tristes préoccupations qui troublaient sa vieillesse, Saint-Simon eut encore la douleur de voir mourir son autre fils. Il y avait longtemps que la santé du second duc de Ruffec était déplorable. « Il étoit parvenu au point, dit le duc de Luynes[4], de ne pouvoir prendre presque aucune nourriture; le bouillon, la viande, le pain, le fruit, tout lui faisoit des maux affreux. Il ne vivoit que de deux ou trois petites tasses de lait qu'il prenoit chaque jour, lorsqu'il y étoit contraint par un besoin pressant, et quelquefois mettoit sept ou huit heures d'intervalle d'une tasse à l'autre.... On peut juger de la foiblesse où il étoit réduit. Cependant il sortoit encore dans Paris quelquefois, et à la campagne; il y avoit des moments où il pouvoit un peu se promener. » Cette longue agonie se termina le 20 mai 1754.

1. Le premier se rapportait au brevet de duc demandé pour le comte de Valentinois; le second paraît, d'après les lettres que nous connaissons, se rattacher à des questions concernant le gouvernement de Blaye.

2. M. Baschet a publié (p. 32-33) le bail de location.

3. Cette abbaye était occupée par des religieuses de l'ordre de Cîteaux et située à l'angle de la rue de Bellechasse et de la rue de Grenelle-Saint-Germain. Elle a été transformée en une caserne, dont l'entrée est rue de Bellechasse; mais l'église, située rue de Grenelle, est aujourd'hui un temple protestant.

4. *Mémoires du duc de Luynes*, tome XIII, p. 257.

Malgré tant de soucis et de chagrins, Saint-Simon, presque octogénaire, ne cessait de poursuivre ses travaux historiques. On voit, par une note relative à Albéroni[1], qu'il écrivait encore une partie de ses *Mémoires* en 1751. Après les avoir terminés, il en rédigea la table, qui remplit un des douze portefeuilles dans lesquels il enferma son manuscrit[2]. Il s'occupa aussi de mettre en ordre ses notes sur les personnages qui avaient disparu de 1723 à 1754, notes qu'il annonce à la fin de son ouvrage.

Nous n'avons malheureusement que de rares débris de la correspondance que, dans le même temps, il continuait d'entretenir avec ses amis[3]. Le ton en est original sans affectation ; mais on y sent, si je ne me trompe, une amertume qui cherche à se dissimuler sous le mépris des grandeurs : « Tout ceci, écrivait-il au duc de Luynes en 1752, à l'occasion de certaines usurpations de la maison de Lorraine, tout ceci est mêlé de tant de ténèbres, d'entreprises et de tempêtes, qu'il seroit difficile à un vieux bourgeois de Paris[4], tel que je suis, d'y pénétrer. Elles me font seulement applaudir à ma bourgeoisie, sans avoir la présomption de porter mes considérations plus loin. »

Enfin, en 1754, après avoir perdu son dernier fils, Saint-Simon écrivit, le 26 juin, son testament, où on le retrouve tout entier, avec sa foi chrétienne, son affection profonde pour sa femme, et son souvenir toujours présent des bienfaits de Louis XIII. Quelques mois plus tard, il mourut, à l'âge de plus de quatre-vingts ans, le 2 mars

1. *Mémoires de Saint-Simon*, tome XVIII, p. 145 et note 1.

2. Cette table est encore aux archives des Affaires étrangères. Elle n'a pas été rendue, avec les *Mémoires*, au général de Saint-Simon. M. Ad. Regnier fils avait obtenu l'autorisation de la publier : elle s'imprime en ce moment, et formera le tome XX de l'édition commencée en 1873.

3. Voyez, dans le tome I des *Mémoires du duc de Luynes*, p. 448 et suivantes, plusieurs lettres de la vieillesse de Saint-Simon.

4. Il avait cédé sa dignité ducale à son fils aîné en 1722, et, après la mort de celui-ci, à son second fils, qui vécut, nous l'avons dit, jusqu'en 1754. D'ailleurs Saint-Simon était depuis longtemps retiré à Paris, et il pouvait, à ce titre, s'appeler un *vieux bourgeois de Paris*.

1755. Me Grimperel, avocat au Parlement, commissaire au Châtelet de Paris, fut requis pour procéder à l'apposition des scellés, et son procès-verbal, cité par M. Baschet[1], nous le montre pénétrant dans l'hôtel de la rue de Grenelle-Saint-Germain et constatant qu'il vit, « sur un lit à bas piliers, tendu de grands rideaux de damas jaune bordé et galonné de galons d'argent..., un corps mort qu'on lui dit être celui de Mgr le duc de Saint-Simon. »

Le convoi eut lieu le 5 mars. Le corps fut déposé à Saint-Sulpice, et de là partit pour la Ferté, accompagné par Charles-Maurice Grimaldi de Monaco, comte de Valentinois, petit-fils par alliance du défunt, par Claude de Saint-Simon, évêque de Metz et prince du Saint-Empire germanique, son cousin, par le comte de Lorge, son neveu, par le bailli de Saint-Simon, par MM. de Montmorency-Laval, le vicomte de Choiseul, de Frémont, d'Auneuil, etc.[2]. Le corps fut présenté à l'église de la Ferté-Vidame par l'aumônier du duc, Claude-Desiré Lallemant, chapelain du collége de Bourgogne, et déposé dans le chœur, à côté de celui de la duchesse[3]. Ils ne reposèrent pas paisiblement, même dans ce dernier asile. Moins d'un

1. *Le Duc de Saint-Simon, son cabinet*, etc., p. 2.

2. Jal, *Dictionnaire critique*, p. 1137, d'après les registres de la paroisse Saint-Sulpice.

3. M. Frère a publié le procès-verbal de l'inhumation de Saint-Simon d'après les registres paroissiaux de la Ferté (*Annuaire d'Eure-et-Loir pour* 1851, p. 197) : « L'an mil sept cent cinquante-cinq, le 10e jour du mois de mars, est décédé en la paroisse de Saint-Sulpice de Paris, à l'âge de quatre-vingts ans et un mois ou environ, le 2 mars de la présente année, après avoir reçu les sacrements de pénitence, du saint viatique du corps de Notre Seigneur Jésus-Christ et de l'extrême-onction, ayant toujours donné pendant le cours de sa vie des marques de piété, de religion, de charité, et ayant toujours été le père des pauvres, et même après sa mort, très-haut et puissant seigneur Monseigneur Louis, le duc de Saint-Simon, pair de France, grand d'Espagne de la première classe, chevalier des ordres du Roi, grand bailli et gouverneur de Senlis, capitaine du Pont-Sainte-Maxence, seigneur du Vitrezay, de Saint-Simon en Guyenne, gouverneur de Blaye, vidame de Chartres, marquis de Ruffec, comte de la Ferté-Vidame, de Beaussart et autres lieux, seigneur de cette paroisse, veuf de haute et puissante

demi-siècle après ces funérailles, la tombe seigneuriale de la Ferté était violée, les cercueils brisés, et les restes mortels du duc et de la duchesse de Saint-Simon jetés dans la fosse commune[1].

dame MARIE-GABRIELLE DE DURFORT DE LORGE. Son corps a été déposé en la paroisse de Saint-Sulpice, le 5 mars de la présente année, et a été apporté dans cette église par Mtre Claude-Desiré Lallemant, prêtre, chapelain du collége de Bourgogne, aumônier de mondit seigneur le duc de Saint-Simon, paroisse de Saint-Côme de Paris, et a été inhumé dans le chœur de cette paroisse par moi, Mtre Claude-Desiré Lallemant, prêtre de la paroisse de Saint-Côme de Paris, en présence et du consentement de Mtre Gérard Duhan, desservant de cette paroisse. La dite inhumation a été faite en présence de M. le curé de Boissy; de Mtre Duguet, curé des Ressuintes; de Jacques Burel, curé de Réveillon; de Mtre Louis Girard, vicaire de Lamblore; de Mtre Léon-Louis Fontaine, desservant de Saint-Martin-le-Vieux-Verneuil, de ce diocèse; de Mtre Allard de la Coudraye, procureur fiscal de ce comté; de Mtre Jean-Jacques-Léonard Talbot, capitaine des chasses dudit Monseigneur le duc de Saint-Simon; de Mtre André Girot, greffier-contrôleur, notaire de ce comté, et de Mtre Louis Pasquier, clerc minoré, de cette paroisse; lesquels ont signé avec moi le présent acte[a]. »

1. Résumons les tristes détails que l'*Annuaire d'Eure-et-Loir pour* 1851 nous donne sur l'histoire du domaine de la Ferté après la mort de Saint-Simon.

La petite-fille de Saint-Simon, Mme de Valentinois, héritière du domaine de la Ferté, le vendit, en 1766, au marquis de Laborde, banquier de la cour. Huit ans plus tard, en 1774, Mme de Valentinois mourut sans laisser de postérité, et avec elle s'éteignit la branche de Rasse de la maison de Rouvroy Saint-Simon. Le marquis de Laborde trouva un aspect lugubre au vieux château, avec ses tours féodales, ses ponts-levis et ses mâchicoulis : il le fit raser et le remplaça par des constructions modernes, pour lesquelles il dépensa, dit-on, plus de quatorze millions. A peine ces constructions étaient-elles terminées, que le marquis de Laborde fut contraint, en 1784, par un ordre de la cour, de vendre le domaine de la Ferté au duc de Penthièvre, fils du comte de Toulouse. La fille unique et héritière du duc de Penthièvre, s'étant mariée au duc d'Orléans, lui apporta le château et les terres de la Ferté. Confisqué, comme bien national, à l'époque de la Terreur, ce

[a] Les premiers signataires de l'acte sont PICHON-CURT, le fameux généalogiste, qui était en ce temps-là curé de Boissy; puis, au lieu des autres curés nommés dans le procès-verbal, BOUVIGNY, curé de Saint-Victeur, et ALLARD, curé de Morvilliers; à la suite, on lit le nom du procureur fiscal, les trois noms énumérés après le sien, et, tout à la fin, ceux des prêtres LALLEMANT et DUHAN.

Ainsi, avant la fin du dix-huitième siècle, la famille, le château, et la sépulture même de Saint-Simon avaient disparu. A ne considérer que le côté extérieur et apparent de sa vie, elle avait été malheureuse et stérile : courtisan sous Louis XIV, il avait été réduit à un rôle oisif ; homme politique sous la Régence, il avait vu ses projets de gouvernement échouer misérablement ; père de famille, il avait assisté à la mort de sa femme et de ses deux fils, et il mourait lui-même insolvable. Toutes ses illusions s'étaient évanouies, et il ne devait pas même jouir de la paix du tombeau. Mais il laissait une œuvre qu'il avait constamment poursuivie au milieu des oisivetés apparentes du courtisan, des déceptions de la vie politique et des tristesses du père de famille, une œuvre qui, retenue longtemps dans les ténèbres, a brillé de nos jours d'un éclat que les critiques les plus vives, et l'on sait combien il y en a de légitimes, n'ont pu affaiblir.

domaine fut livré à toutes les violences révolutionnaires. Ce fut alors que les sépultures seigneuriales furent profanées, le plomb des cercueils fondu, et les ossements du duc et de la duchesse de Saint-Simon jetés dans la fosse commune. En 1798, un agent de change de Paris, nommé Jean Cardot-Villiers, se porta acquéreur du bien national de la Ferté ; pour le payer, il fit démolir le château bâti par le marquis de Laborde et en vendit les matériaux. Il n'en laissa subsister que les communs, que l'on appelle aujourd'hui le petit château. Malgré ces actes de vandalisme, Jean Cardot-Villiers ne put payer le prix auquel il avait acheté la Ferté, et l'administration des Domaines rentra en possession de cette terre. A l'époque de la Restauration, la Ferté fut rendue à la duchesse douairière d'Orléans, comme bien national non vendu. Le roi Louis-Philippe effaça quelques-unes des traces révolutionnaires : le petit château devint plus habitable, et le parc, qui avait été dévasté, fut restauré. On méditait des projets plus complets pour rendre à la Ferté son ancienne splendeur ; mais les événements politiques ne permirent pas de les réaliser, et aujourd'hui il ne reste du domaine de Saint-Simon qu'un parc, des jardins, et les communs, qui sont devenus, nous l'avons dit, le petit château, et servent de maison d'habitation.

VI

COMPOSITION DES MÉMOIRES DE SAINT-SIMON

Sources où il a puisé des renseignements : 1° ses observations personnelles; 2° ses relations avec la cour et les diverses classes de la société; 3° ouvrages qu'il a consultés. — Il écrit ses Additions au *Journal de Dangeau* de 1729 à 1738. — Rédaction définitive des *Mémoires* de 1739 à 1751. — Des scrupules de conscience suspendent ce travail en 1743, après la mort de la duchesse. — Il le reprend en juillet 1743 et l'achève en 1751. — Les manuscrits de Saint-Simon sont déposés, en 1760, par ordre du Roi, aux archives des Affaires étrangères. — Description du manuscrit des *Mémoires*. — Publication d'extraits par Soulavie. — Première édition complète, donnée par le général de Saint-Simon, en 1829.

Saint-Simon, comme nous l'avons déjà dit, travailla pendant soixante ans à ses *Mémoires*. Pour se rendre compte de ce vaste labeur, il faut étudier successivement la préparation et la composition de son œuvre.

On l'a vu dans la biographie qui précède, très-jeune encore, il savait déjà observer : nous avons dit quel témoin attentif, perspicace, trouvèrent en lui, dès l'âge de onze ans et de seize ans, les cérémonies de la place des Victoires, puis les regards, les gestes, les paroles du Roi à la nouvelle de la mort de Louvois, en 1691 [1]. L'année suivante (1692), le mariage du duc de Chartres lui fournit une nouvelle occasion d'exercer sa pénétration précoce. Il étudie les physionomies pour les peindre avec une vigueur qui les fera revivre à nos yeux : l'irritation de Madame, qu'il compare à Cérès pleurant l'enlèvement de Proserpine, l'attitude honteuse de Monsieur, les prévenances du

1. Voyez ci-dessus, p. XIV et XV.

Roi mal accueillies par sa belle-sœur, le soufflet retentissant infligé au malheureux duc de Chartres : rien n'a échappé à cet observateur de dix-sept ans[1]. Il savait dès lors percer les masques, lire au fond des cœurs et graver dans sa mémoire toutes ces scènes en traits profonds.

Saint-Simon s'habitua de bonne heure à connaître ce qu'il appelle la *carte de la cour*[2], les divers partis qui la divisaient, leurs intérêts, leurs passions, leurs intrigues les plus compliquées. Pendant qu'il semble n'être encore qu'un courtisan oisif et ne songer qu'aux futilités de son âge, il est déjà tout occupé à pénétrer les mystères de chaque cabale et à noter les renseignements qu'il a recueillis.

Mais l'observation personnelle, quelque attentive et sagace qu'elle fût, ne pouvait lui fournir, à elle seule, les mille détails dont fourmillent ses *Mémoires*. Il y joignait l'art de faire parler les personnages les plus divers, depuis les ministres jusqu'aux valets de chambre. Il faut suivre Saint-Simon dans cette interrogation savante, où, dérobant avec soin son travail mystérieux, il sait arracher leurs secrets aux cabales opposées. Parmi les ministres, Chamillart et le comte de Pontchartrain étaient ses amis. Le premier poussait la confiance jusqu'à lui montrer les minutes de lettres qu'il écrivait au nom de Louis XIV[3]. Pontchartrain avait une verve pétulante, dont Saint-Simon profitait habilement. Les ducs de Beauvillier et de Chevreuse étaient plus réservés avec lui, quoiqu'il vécût dans leur intimité; cependant il en obtenait parfois des confidences. Quant à Torcy, il ne se lia avec lui qu'à l'époque de la Régence; il dut alors à ce ministre des renseignements précieux, surtout pour la politique extérieure. Les jeunes dames qui entouraient la duchesse de Bourgogne, Mmes de Nogaret, de Villeroy, de Lauzun, de Lorge, de Levis, vivaient dans une étroite amitié avec le duc et la duchesse de Saint-Simon. Notre auteur dit de la duchesse

1. *Mémoires*, tome I, p. 20 et suivantes. — 2. Tome IX, p. 126.
3. Tome V, p. 180.

de Lorge, fille de Chamillart[1] : « Tous les soirs, *elle* me contoit tout ce qu'elle avoit vu et appris dans la journée ; j'étois donc instruit exactement et pleinement. »

Il était plus difficile de pénétrer jusqu'à Louis XIV, qui ne recevait dans ses cabinets que sa famille et les gens de son service intérieur. Mais, là encore, Saint-Simon s'était ménagé des alliés dévoués : Bontemps, premier valet de chambre du Roi, et Maréchal, premier chirurgien. A l'occasion d'une candidature pour la place de premier président, il dit[2] : « Je m'avisai de dresser une batterie dans l'intérieur [du Roi] par Maréchal. »

La cabale du grand Dauphin avait son importance, et Saint-Simon eut soin d'y avoir des intelligences. Du Mont, valet de chambre de ce prince et gouverneur de Meudon, le tenait au courant des intrigues de cette petite cour. Un autre valet de chambre, du Chesne, l'introduisait mystérieusement dans le cabinet du duc de Bourgogne, où se discutaient les projets de réforme.

Les confidences de Lauzun ont initié Saint-Simon à une partie du règne de Louis XIV qu'il n'avait pu observer par lui-même. C'est là qu'il faut chercher la source de piquants détails sur les amours de ce favori avec la duchesse de Valentinois et avec Mademoiselle de Montpensier, ainsi que de certaines scènes dramatiques entre Louis XIV et Lauzun. Saint-Simon devait à la maréchale de Rochefort et à sa fille, Mme de Blanzac, des anecdotes sur Louvois, dans l'intimité duquel elles avaient vécu. Enfin il cite un grave magistrat, le procureur général Joly de Fleury, comme lui ayant raconté l'empoisonnement de Henriette d'Angleterre, première femme du duc d'Orléans. C'est par Fleury encore qu'il a eu connaissance de la scène où le Régent convainquit de trahison le premier président de Mesmes et lui pardonna son crime.

Saint-Simon avait aussi de nombreuses relations dans le

1. *Mémoires*, tome IV, p. 354.

2. Tome V, p. 386. Le témoignage de Maréchal est souvent cité : voyez tomes XI, p. 409 ; XII, p. 312 ; XIII, p. 84.

clergé, qui formait alors un ordre puissant et fort mêlé aux affaires du monde : il s'était ménagé des amis dans tous les camps. L'abbé de Rancé, réformateur de la Trappe, fut un des directeurs de sa jeunesse. Il avait connu le P. Malebranche, de l'Oratoire, et il rappelle que ce philosophe n'avait pas dédaigné de s'occuper de ses études[1]. Il fait l'éloge du P. de la Tour, général de l'Oratoire, et le cite comme une de ses autorités[2]. Plusieurs de ses amis, et, entre autres, le chancelier de Pontchartrain, se retirèrent à l'Institution de l'Oratoire. Le duc les y visitait souvent, et il savait, dans ses entretiens avec les solitaires, évoquer les souvenirs des temps passés et obtenir de précieuses informations.

Les jésuites étaient, comme nous l'avons vu[3], en relation avec Saint-Simon. Il raconte lui-même ses longues conversations avec le P. Tellier, confesseur de Louis XIV, et les confidences qu'il en recevait. Tout porte à croire qu'il avait, par des voies diverses, de fréquentes communications avec cet ordre si répandu et si puissant, et que l'esprit curieux et sagace de notre auteur a su en tirer grand profit.

Du reste, il indique presque toujours ses autorités, lorsqu'il n'a pas été témoin oculaire : « Ce que je n'ai pas vu ou manié moi-même, dit-il, je veux citer comment je le sais et d'où je l'ai pris[4]. » Et en effet, on peut relever un grand nombre de témoignages ainsi indiqués : ici, l'abbé d'Andigné[5], dépositaire des secrets de Mlle de Chausserais ; ailleurs, la princesse de Carignan[6], la princesse des Ursins[7], le marquis du Palais, l'abbé de Thésut, le maréchal de Berwick, le marquis de Brancas[8], Mme de Tibou-

1. Voyez ci-dessus, p. XVI.
2. *Mémoires*, tome VII, p. 91. Parlant de la mort du prince de Conti et de ses sentiments de piété, il ajoute : « dont j'ai ouï raconter au père de la Tour des choses admirables. »
3. Voyez ci-dessus, p. XXIII et XXIV.
4. *Mémoires*, tome XVII, p. 187.
5. Tome XIV, p. 16. — 6. Tome XII, p. 33. — 7. Tome V, p. 11.
8. Tome XVII, p. 210, 401, 403, 356.

ville[1], Favancourt[2], le marquis de Villena[3], et une multitude d'autres. Ces noms sont presque toujours accompagnés de la mention suivante : « par qui je me le suis fait conter, » ou : « de qui j'ai su ces détails. »

Saint-Simon ne s'en tint pas à ce qu'il avait vu lui-même ou su ainsi par le témoignage d'autrui : il y joignit des recherches approfondies sur les anciennes institutions de la France et sur les généalogies des principales familles. Il lisait curieusement les mémoires, consultait l'ouvrage du P. Anselme et de son continuateur du Fourny[4], le *Dictionnaire de Moréri*, et les travaux d'Imhof, particulièrement pour les familles espagnoles.

Mais le recueil qui lui a été le plus utile, c'est le *Journal de Dangeau*. Il l'a traité avec sévérité, mais n'a cessé de le prendre pour guide, tout en le critiquant, et c'est à l'exactitude de Dangeau qu'il a dû de pouvoir fixer avec précision la date des événements. Lorsque ce guide lui manque, à partir de 1720, sa marche devient incertaine : il confond les époques et répète, par exemple, en 1722, des événements qu'il a déjà racontés à leur véritable date, en 1721. Les savants éditeurs de Dangeau ont fait remarquer avec raison que souvent l'omission d'un fait dans le *Journal* a entraîné le même oubli dans les *Mémoires*. Ainsi, au 13 mai 1704, Saint-Simon ne fait point mention de la mort de Bourdaloue, parce que Dangeau a omis d'en parler.

Ce fut vers 1729 qu'il obtint du duc de Luynes la communication du *Journal*. Il le fit copier et y ajouta des notes, qui peuvent être considérées comme une première ébauche de ses *Mémoires*. Il y parle toujours de lui à la troisième personne ; ainsi, faisant allusion au travail mys-

1. *Mémoires*, tome XVII, p. 186. — 2. *Ibidem*, p. 116.
3. Tome XVIII, p. 441.
4. Il dressait même, en 1731, un projet de continuation de l'*Histoire généalogique* du P. Anselme et de du Fourny. Ce curieux travail a été publié par M. de Boislisle, dans l'*Annuaire-Bulletin de la Société de l'Histoire de France* de l'année 1874, p. 89-92.

térieux qu'il poursuivait dans son arrière-cabinet, il dit quelque part[1] : « Le duc de Saint-Simon passoit à la cour une vie extérieurement oisive, effectivement très-occupée. » Les Additions de Saint-Simon au *Journal de Dangeau* sont écrites rapidement ; ce sont de simples notes, où les mots se pressent et où les règles de la grammaire sont souvent moins respectées encore que dans les *Mémoires*. Mais, au milieu de toutes ces incorrections, on est frappé de l'énergie de certains traits de cette improvisation ; et l'on regrette parfois de ne pas les retrouver dans la rédaction définitive.

Le travail d'annotation de Dangeau occupa Saint-Simon pendant environ neuf ans, de 1729 à 1738. Lui-même indique souvent la date de la note qu'il ajoute. Je me bornerai à deux exemples. Parlant de l'ancien évêque de Troyes, qui avait été son collègue au Conseil de régence, il écrit[2] : « Il a attendu la mort dans une heureuse et sainte vieillesse, et l'attend encore en paix, à quatre-vingt-huit ans. » François Bouthillier de Chavigny, ancien évêque de Troyes, mourut en 1731, dans sa quatre-vingt-dixième année : par conséquent, la note de Saint-Simon a dû être écrite en 1729. Dans les dernières années du *Journal de Dangeau* il est question de Mme Guyon ; Saint-Simon a ajouté : « Depuis vingt ans qu'elle est morte,... le petit troupeau subsiste[3]. » Mme Guyon était morte à Blois en 1717 : la note est par conséquent de 1737.

Vers 1739, tous les éléments des *Mémoires* étaient à la disposition de Saint-Simon. Retiré à la Ferté, qu'il habitait souvent, nous l'avons dit, depuis le mariage de ses fils, il se mit courageusement à l'œuvre pour coordonner les matériaux accumulés depuis 1694. Il fallait rejeter aux pièces justificatives[4] ce qui aurait fait disparate, retou-

1. *Journal de Dangeau*, tome XVI, p. 139.
2. *Ibidem*, tome VI, p. 104. — 3. *Ibidem*, tome XVII, p. 106-107.
4. Ces pièces, mises à part, sont souvent citées par Saint-Simon. Elles faisaient partie des manuscrits déposés aux Affaires étrangères et n'ont pas été rendues, avec le texte même des *Mémoires*, au général de Saint-Simon.

cher quelques portraits à peine ébauchés dans les Additions au *Journal de Dangeau*, développer certains récits, en resserrer d'autres, et lier l'ensemble par ce mouvement de la pensée qui anime l'œuvre entière. C'est ce que fit, avec une énergique persévérance, ce vieillard infatigable. Il recopia de sa main ses anciens récits, tout palpitants de l'émotion du moment, ses portraits saisis sur le vif, les conversations écrites à l'heure même où le souvenir des moindres détails était encore présent. Il se servit du *Journal de Dangeau* pour établir une chronologie rigoureuse. Il fit entrer dans le vaste tissu de ses *Mémoires* la plupart des notes jointes à ce *Journal*, en y mêlant des allusions assez fréquentes aux événements qui survenaient pendant le cours de son travail. Son imagination, toujours puissante, sut fondre ces divers matériaux en une œuvre dont la suite, la variété, l'éclat, feront à jamais l'admiration et l'étonnement de la postérité.

De temps à autre, Saint-Simon marque par un trait, une circonstance, l'époque où il écrit, et on peut suivre ainsi la composition presque année par année. Parlant de l'*Institution d'un prince* de l'abbé Duguet : « A la lire, dit-il[1], qui ne soupçonneroit qu'elle est faite d'aujourd'hui, c'est-à-dire vingt-cinq ans après la mort de Louis XIV ? » Ce roi était mort en 1715 : c'est donc en 1740 que Saint-Simon racontait l'avénement de Philippe V à la couronne d'Espagne, et en général les événements arrivés en 1701, qui remplissent le volume où nous relevons ce passage. Il rédigeait rapidement à cette époque : tranquille à la Ferté, libre des soucis de la famille, rien ne le détournait de ses travaux historiques, pendant que sa femme administrait prudemment leurs biens et se faisait chérir par de pieuses fondations. En 1741 ou 1742, il avait déjà atteint, et en partie retracé les événements de 1709[2]. Il termina pro-

1. *Mémoires*, tome III, p. 82.

2. On en trouve la preuve dans deux passages du tome VII, p. 35 et 162, où Saint-Simon, qui en est à 1709, parle de la reine de Suède Ulrique-Éléonore et d'un prince de la maison de Carignan, et dit, de

bablement l'année 1710 et une partie de 1711 avant la mort de sa femme, qui arriva le 21 janvier 1743.

A cette époque, accablé par ce coup terrible, il suspendit son travail pendant plusieurs mois. Il semble même, comme nous l'avons dit, avoir hésité à le reprendre, par suite de scrupules de conscience, et ce fut sans doute pour se rassurer qu'il écrivit, en juillet 1743, une sorte d'introduction, qu'il a pris soin de dater, et où il examine *s'il est permis d'écrire et de lire l'histoire, singulièrement celle de son temps*[1]. Après cet examen de conscience, Saint-Simon se remit à son œuvre ; il la poursuivit au milieu des tristesses de famille et des embarras pécuniaires, et pourtant, chose merveilleuse ! on n'aperçoit aucun affaiblissement dans son intelligence. Le style a toujours la même vigueur, les portraits le même éclat, les jugements la même sagacité. Sa marche paraît seulement plus lente lorsqu'il retrace les derniers temps de Louis XIV : il met deux années à terminer ce règne[2].

Après avoir raconté la maladie et la mort de ce prince, il résume tout son règne et l'apprécie dans son ensemble. Ce tableau, dont on trouve une ébauche dans les Additions au *Journal de Dangeau*, est certainement un des morceaux les plus remarquables des *Mémoires*. Nous pouvons en fixer la date avec certitude : Saint-Simon avait terminé en septembre 1745[3] le règne de Louis XIV, et, en mars 1746, il avait commencé le récit des événements

l'une et de l'autre, qu'ils viennent de mourir. Or Ulrique-Éléonore et ce prince de Carignan moururent en 1741.

1. Voyez, dans cette introduction, les raisons qu'allègue Saint-Simon pour prouver que la composition de ses *Mémoires* n'est pas contraire à la charité chrétienne.

2. Au tome X, p. 182, racontant les événements de 1712, il dit que Daguesseau est chancelier de France depuis vingt-six ans. Daguesseau avait été nommé chancelier en 1717 ; par conséquent, ce passage est écrit en 1743. Au tome XII, p. 157, arrivé à l'année 1715, il indique la date précise, l'année et le mois où il écrit : *Jusqu'en cette année 1745, en septembre.* Il avait donc consacré au moins deux années à la partie de ses *Mémoires* qui renferme les événements de 1712 à 1715.

3. Voyez la note précédente.

de la Régence[1]. C'est dans les six mois compris entre ces deux dates qu'il a disposé et écrit ce résumé, où il a surtout montré des qualités de grand historien. On peut sans doute lui reprocher de la partialité ; mais, malgré la sévérité inique de quelques jugements, Saint-Simon a su tracer un tableau saisissant de la cour de Louis XIV. Il a rassemblé avec art les traits qu'il se plaît ordinairement à développer jusqu'à la prolixité. Louis XIV domine tout : son gouvernement personnel pendant cinquante-quatre ans, l'influence de ses ministres et de Mme de Maintenon, les qualités du Roi et ses défauts, sa dignité naturelle et sa majesté factice, sa régularité d'habitudes, sa fermeté dans les revers, et aussi les faiblesses de l'homme, l'enivrement de l'orgueil entretenu et exalté par la flatterie, la passion pour la guerre et les conquêtes, les prodigalités pour de fastueux bâtiments, les fautes et les crimes d'un pouvoir despotique : tout cela est vigoureusement peint en moins de deux cents pages.

Parvenu au temps de la Régence, Saint-Simon, dont les souvenirs personnels sont plus récents, et qui a sous les yeux des notes fournies par le marquis de Torcy, reprend une allure plus rapide, et, en 1747, il achève l'histoire de la Régence jusqu'à la conclusion de la Quadruple alliance (août 1718)[2]. Enfin, de 1747 à 1751, il termine l'histoire

1. Tome XIII, p. 162. « Aujourd'hui, dit-il, que nous sommes en mars 1746. » Nous avons fait observer ci-dessus (p. LXXIX) que Saint-Simon avait commencé vers 1739 ou 1740 la rédaction définitive de ses *Mémoires ;* il avait donc mis six ou sept ans à écrire la première partie, embrassant plus de vingt années du règne de Louis XIV (1692-1715).

2. Voyez tome XVI, p. 274. Après la signature de la Quadruple alliance, il est parlé des victoires des Français en Belgique : ces victoires sont celles de Fontenoy, Raucoux et Lawfeld (1745 à 1747). On voit, par la correspondance de Saint-Simon, qu'au milieu de ses travaux historiques, il suivait avec un vif intérêt les événements contemporains. Le lendemain de Fontenoy (le 12 mai 1745), il écrit au comte d'Argenson, ministre de la guerre : « Je vous embrasse d'ici, Monsieur, dans le transport de ma joie. Arriver et vaincre sans intervalle, et à l'ouverture d'une campagne, quelle gloire, quel bonheur et quel champ ouvert ! Je n'ai pu résister au plaisir de mêler ma joie à la vôtre, ni à

de la Régence et du ministère du duc d'Orléans. Revenant sur Albéroni[1], il dit que ce cardinal vit à Rome et est âgé de quatre-vingt-six ans : ce qui indique l'année 1751, puisque Albéroni est mort à Rome en 1752, à l'âge de quatre-vingt-sept ans.

On me pardonnera, je l'espère, cette fastidieuse énumération de dates, qui permet de suivre, presque année par année, la composition des *Mémoires*. Saint-Simon avait soixante-trois ou soixante-quatre ans lorsqu'il en commença la rédaction définitive, et soixante-seize ans, au moins, lorsqu'il y mit la dernière main. Je ne sais pas si des yeux plus perçants que les miens apercevront dans les derniers volumes des signes de décadence sénile. Sans doute, la Régence est loin d'avoir pour nous le même intérêt que le règne de Louis XIV. Saint-Simon s'est trop appesanti sur les intrigues diplomatiques de 1716 à 1718; il a presque copié les mémoires que lui avait communiqués Torcy ; ses longues analyses manquent souvent d'intérêt, parfois même de clarté : il ne domine pas le sujet, ne sait pas élaguer les répétitions et faire ressortir les points essentiels. Mais on le retrouve tout entier, avec ses qualités et ses défauts, dans le tableau des scènes dramatiques du Parlement et dans les pages qu'il a consacrées à Du-

l'indiscrétion de la témoigner moi-même au Roi. Je vous adresse ici, à cachet volant, une lettre que j'ai l'honneur de lui écrire. Je me flatte que vous voudrez bien la lui présenter, et lui la recevoir en faveur de plus d'un siècle que l'on n'a vu roi de France gagner une bataille en personne. Pardonnez-moi, Monsieur, cette importunité, puisque personne n'est plus véritablement que moi, etc. »

« Au Roi.

« Sire, Votre Majesté vient d'acquérir un comble de gloire personnelle qui est l'unique qui ait manqué au grand règne du feu Roi, et d'y ajouter cet extrême bonheur d'avoir elle-même montré à Monseigneur le Dauphin, et dans un âge si tendre, le chemin de la victoire. Je suis, Sire, si transporté de joie, que je ne puis m'empêcher de la répandre aux pieds de votre personne sacrée.... »

Ces deux lettres ont été publiées dans le tome XIX des *Mémoires* (1873-1875), p. 350-351.

1. Tome XVIII, p. 145.

bois et à Lauzun, ainsi que dans le récit des derniers moments du duc d'Orléans. Son testament même, dont nous avons la date précise (26 juin 1754), renferme plusieurs passages qui rappellent le style des *Mémoires* dans leurs parties les plus achevées et les plus délicates.

Le manuscrit autographe des *Mémoires de Saint-Simon* se compose d'environ deux mille cinq cents pages in-folio, classées dans onze portefeuilles. L'écriture est ferme et nette, presque sans ratures. On reconnaît immédiatement que ce n'est pas un premier jet, mais plutôt une mise au net de matériaux préparés depuis longtemps[1]. Il me semble très-probable, quoiqu'on ne puisse pas en donner de preuve décisive, que l'auteur avait sous les yeux un premier travail, qu'il n'a fait que compléter et remanier[2].

1. Outre les notes accumulées depuis 1694, Saint-Simon avait eu soin de faire extraire ses Additions au *Journal de Dangeau*, pour les intercaler dans ses *Mémoires*. Les éditeurs du *Journal* ont fait remarquer (tome X, p. 299) qu'il a écrit de sa main en marge : « On a déjà extrait l'Addition. »

2. Je ne veux pas trop insister sur de simples hypothèses. Qu'on me permette cependant d'en exposer encore une qui s'appuie sur des raisons qui me paraissent plausibles. Est-ce après avoir entièrement terminé la rédaction de ses *Mémoires* que Saint-Simon a recopié plus de deux mille cinq cents pages in-folio ? Je ne le pense pas. Nous le voyons consigner les renseignements à mesure qu'il les reçoit : « *Comme j'en étois à cet endroit*, dit-il (tome XVII, p. 405), j'appris de M. Joly de Fleury, procureur général, une anecdote trop singulière et trop curieuse pour ne la pas mettre ici, quoique *hors de place, et que j'aurois insérée, si je l'avois sue, peu de jours après que le duc et la duchesse du Maine furent arrêtés.* » Ces transpositions auraient disparu, s'il avait transcrit, tout d'une fois, une œuvre achevée et revisée. Ailleurs, il parle de son ambassade d'Espagne et craint de ne pas arriver jusqu'à cette époque : « Si Dieu me donne le temps d'écrire mon ambassade en Espagne. » (Tome XIV, p. 289.) On ne comprendrait pas de pareilles expressions de doute si Saint-Simon avait recopié le manuscrit de ses *Mémoires* après l'avoir complétement terminé. Il faut donc admettre une autre hypothèse : je suppose que Saint-Simon a écrit de 1739 à 1743 une première partie, et qu'il l'a recopiée à mesure que sa rédaction avançait. Son travail fut suspendu en janvier 1743, et repris au mois de juillet de la même année, comme l'indique la date qu'il a donnée à l'introduction (voyez tome I, p. XLIII). Arrivé à la mort de Louis XIV, et après avoir tracé le tableau d'ensemble, il a probablement mis au net

Après avoir achevé ses *Mémoires*, Saint-Simon voulut en assurer la conservation, et, par son testament, il légua ses manuscrits à un parent, Claude de Saint-Simon, évêque de Metz, de la branche aînée. Les créanciers du duc, irrités d'être frustrés d'une partie des sommes qui leur étaient dues, s'opposèrent à l'exécution de cette clause du testament. Il en résulta un procès[1], pendant lequel les manuscrits restèrent en dépôt chez un notaire de Paris nommé Delaleu. En 1760, l'évêque de Metz mourut. Le ministre Choiseul, qui connaissait le caractère satirique des *Mémoires de Saint-Simon*, profita de ce que notre auteur avait été ambassadeur pour faire déposer tous ses manuscrits aux archives des Affaires étrangères. La lettre du duc de Choiseul, en date du 21 décembre 1760, n'allègue pas d'autre motif : « Comme ils (*les papiers de Saint-Simon*) concernent les affaires du Roi et l'ambassade d'Espagne de feu M. le duc de Saint-Simon, je joins ici l'ordre du Roi de les retirer[2]. »

Selon l'expression que nous avons déjà empruntée au général de Saint-Simon, les *Mémoires* restèrent en quelque sorte prisonniers d'État de 1760 à 1819. Cependant plusieurs personnes en eurent communication ; quelques hommes de lettres furent même chargés officieusement d'en faire des extraits, entre autres l'abbé de Voisenon, Duclos, Marmontel. De plus, des copies manuscrites circulèrent, et Mme du Deffand parle des *plaisirs infinis* que lui donnait la lecture de ces *Mémoires*. En 1781 et en 1784, des fragments furent imprimés, sans nom d'auteur, dans les tomes I et II du recueil de la Place intitulé : *Pièces inté-*

cette partie de son œuvre. Puis il a écrit et recopié l'histoire de la Régence jusqu'au temps de son ambassade (1715-1721), enfin son ambassade et l'histoire des dernières années de la Régence (1721-1723). Ces suppositions permettent seules, je crois, d'expliquer la netteté du manuscrit et de la concilier avec les transpositions et les doutes que nous avons signalés.

1. Voyez tous les actes relatifs à ce procès dans l'ouvrage de M. Baschet, p. 48 et suivantes. Comparez les *Mémoires du duc de Luynes*, tome XIV, p. 146 et suivantes.

2. M. Baschet, *le Duc de Saint-Simon*, etc., p. 199.

ressantes et peu connues pour servir à l'histoire et à la littérature[1]. Ces deux séries étaient placées sous le singulier titre de : *Extrait du Mémorial* ou *du Recueil d'anecdotes de M. Duc..., S. P. de l'A. Fr. et H. de F.*, c'est-à-dire « de M. Duclos, secrétaire perpétuel de l'Académie française et historiographe de France[2]. » On en publia encore de nouveaux fragments en 1786, sous le titre de *Galerie de l'ancienne cour ou Mémoires anecdotes pour servir à l'histoire des règnes de Louis XIV et de Louis XV.* Mais, en 1788, le nom de Saint-Simon ne fut plus dissimulé : le libraire Buisson fit paraître, en trois volumes, les *Mémoires de M. le duc de Saint-Simon, ou l'Observateur véridique, sur le règne de Louis XIV et sur les premières époques des règnes suivants.* On croit que l'éditeur était l'abbé Giraud-Soulavie[3], dont les publications falsifiées ou apocryphes sont si connues. L'année suivante, il ajouta à ces trois volumes un *Supplément* qui n'en forme pas moins de quatre. Enfin, en 1791, il publia une nouvelle édition d'extraits, sous le titre mensonger d'*Œuvres complètes de Louis de Saint-Simon, duc et pair de France*[4], etc.

Soulavie ne s'était servi que des extraits copiés par l'abbé de Voisenon. Quant au manuscrit autographe des Affaires étrangères, c'est-à-dire l'œuvre originale, il en avait entendu parler, mais il la représente comme ne renfermant que des matériaux d'après lesquels Saint-Simon

1. Nouvelle édition, Bruxelles et Paris, 1785, tome I, p. 108-196; tome II, p. 47-169. « Ces anecdotes, dit une note se rapportant au titre, au tome I, sont tirées du manuscrit original d'un homme de lettres, très-instruit, qui a vécu dans le plus grand monde, et qui, par état, avait intérêt de chercher la vérité des faits servant à l'histoire, et beaucoup plus connu par l'excès de sa franchise que par celui de sa crédulité. »

2. M. Baschet, dans l'ouvrage cité (p. 265 et 266), a décrit avec soin cette publication; mais il s'est mépris sur le sens de ce nom d'auteur tronqué et des initiales qui le suivent.

3. Jean-Louis Giraud-Soulavie, né à Largentière (Ardèche) en 1752, mort à Paris en 1813. A l'époque où parurent les premiers volumes de la Place, Soulavie était, d'après la *Biographie universelle de Michaud*, curé de Sevent et grand vicaire du diocèse de Châlons.

4. Strasbourg, 1791, J. G. Treuttel; treize volumes in 8°.

devait écrire l'histoire de son temps. « Les onze volumes in-folio » sont, dit-il dans un avertissement au verso du titre, « *non les Mémoires originaux du duc de Saint-Simon, mais simplement les matériaux de ces Mémoires*[1]. »

En 1818, M. F. Laurent, professeur au collége royal de Charlemagne, donna une nouvelle édition des *Mémoires du duc de Saint-Simon*[2], qu'il annonça comme *mise dans un meilleur ordre et accompagnée de notes*. Ce second éditeur ne connaissait pas plus que Soulavie le véritable manuscrit : il s'est borné à disposer, dans un ordre chronologique assez arbitraire, les extraits de l'abbé de Voisenon. Les *Mémoires de Saint-Simon* n'y ont pas gagné : au lieu de l'œuvre personnelle où l'auteur retrace les scènes dont il a été témoin, on n'a que des lambeaux, souvent informes, d'une prétendue histoire de Louis XIV.

Ce fut seulement en 1819 que le général de Saint-Simon (Henri-Jean-Victor de Rouvroy, de la branche de Montbléru)[3], après avoir rendu des services tout particuliers au roi Louis XVIII, demanda en récompense la *délivrance d'un prisonnier de la Bastille*[4]. — « Que signifie cette plaisanterie ? » dit le Roi. Le général lui rappela la saisie des *Mémoires* en 1760, leur captivité depuis ce temps, et en sollicita la délivrance. Louis XVIII la lui accorda immédiatement; mais il s'écoula neuf ans avant que l'ordre du Roi fût complétement exécuté[5]. Il fallut que, sous le

1. Ce qui, toutefois, donne du prix à cette dernière édition, en treize volumes, c'est que Soulavie y a inséré quelques-unes des pièces que Saint-Simon avait jointes à ses *Mémoires*, entre autres : au tome VIII, le *Mémoire pour servir d'instruction à M. le duc de Saint-Simon.... allant en Espagne en qualité d'ambassadeur extraordinaire;* au tome IX, les *Mémoires du comte de Bonneval et ses disgrâces en France;* au tome XI, les *Pièces relatives au czar Pierre et à son fils, remises au duc de Saint-Simon en* 1720; au tome XIII, les *Observations sur la constitution politique du royaume d'Aragon en Espagne;* etc.

2. Six volumes in-8°. — 3. Voyez ci-dessus, p. IV.

4. Ce sont les propres termes dont se servait le général de Saint-Simon, en racontant cette anecdote. M. Baschet l'a reproduite, p. 297. J'ai entendu moi-même le général faire ce récit.

5. Le général de Saint-Simon, en parlant de cette lutte obstinée, l'appelait son *siége de Troie*.

règne de Charles X, le comte de la Ferronays prît un nouvel arrêté, en date du 26 janvier 1828, pour arracher les derniers portefeuilles des *Mémoires de Saint-Simon* au comte d'Hauterive, garde des archives des Affaires étrangères; et encore M. d'Hauterive eut-il soin de ne pas livrer le douzième portefeuille, qui contenait la table[1].

En possession des *Mémoires* autographes, le général de Saint-Simon se hâta d'en faire jouir le public. Les *Mémoires complets et authentiques du duc de Saint-Simon* parurent, dès 1829 et 1830, en vingt et un volumes. L'effet que produisit cette publication fut très-vif : on se passionnait alors, même au milieu des agitations politiques, pour les questions d'histoire et de littérature. Un des chefs de l'école historique, M. de Barante, consacra plusieurs articles de la *Revue française* à l'appréciation de cet étonnant ouvrage. M. Villemain, qui était, à cette époque, l'arbitre de la critique, fit l'éloge de notre auteur dans son *Cours de la littérature du dix-huitième siècle*[2]. Il y proclama Saint-Simon « un des génies les plus originaux de notre littérature, le premier des satiriques en prose, inépuisable en détails de mœurs, et qui peint d'un mot comme Tacite, créateur d'une langue tout à lui, et, sans correction, sans ordre, sans art, admirable écrivain.... Il se trompe souvent quand il agit, quand il conseille, ajoutait M. Villemain; mais quel connaisseur des hommes quand il ne faut que les peindre! De Fénelon jusqu'à Dubois, que de caractères du vice et de la vertu, que de contrastes, que de nuances admirablement saisis, que de surprises faites à notre nature! Comme il se complaît, comme il se dilate dans l'approfondissement d'une âme humaine! Comme sa verve d'indignation le rend attentif à tout, et comme sa malignité devine juste, même en exagérant! »

Depuis 1829, le succès des *Mémoires de Saint-Simon* n'a fait que croître. Un grand nombre d'éditions et de réimpressions de ce volumineux ouvrage ont été publiées,

1. Voyez ci-dessus, p. LXX, et note 2.
2. Tome I, p. 333 et 334, de l'édition de 1838.

sans épuiser la curiosité du public. Ces mémoires étaient comme la révélation d'un nouveau siècle de Louis XIV. On était habitué à ne voir ce règne que dans un majestueux lointain, avec une cour et un roi toujours imposants. Le dix-huitième siècle, malgré son scepticisme, s'était incliné devant ces grands souvenirs, et Voltaire lui-même n'avait parlé qu'avec respect de Louis XIV et de son temps. Saint-Simon a déchiré le voile : à côté de la gloire, il a montré la misère, le vice auprès de la vertu, la laideur auprès de la beauté. La nature humaine s'est reconnue dans ces contrastes et dans cette variété infinie de scènes et de portraits. Si le prestige de Louis XIV et de son siècle a perdu à des tableaux d'une réalité un peu crue, la vérité, en somme, y a gagné.

VII

VALEUR HISTORIQUE DES MÉMOIRES DE SAINT-SIMON

Règles de critique que Saint-Simon s'est lui-même imposées. — Y a-t-il été fidèle? — Omissions et altérations graves pour des faits où il a eu un rôle important. — Son jugement sur le traité de la Quadruple alliance d'après ses *Mémoires* et d'après les correspondances du temps. — Valeur de quelques-unes des autorités sur lesquelles s'appuie Saint-Simon : appréciation des témoignages de Lauzun, Joly de Fleury, etc. — Conclusion : nécessité d'ajouter au texte des *Mémoires* des notes explicatives, et souvent rectificatives.

Nous venons d'insister sur les mérites des *Mémoires*, sur la sagacité de l'observateur et sur l'infatigable persévérance de son travail. Il faut reconnaître et signaler, avec la même impartialité, les erreurs où la passion l'a entraîné.

Saint-Simon dit lui-même[1] qu'il s'est prescrit la règle « de ne rien exposer.... qui n'ait passé par ses mains ou sous ses yeux, ou qui ne soit tiré des sources les plus certaines. » Ces principes nous paraissent excellents pour une œuvre historique, et nous nous bornerons à examiner s'il y est resté fidèle. Nous aurons donc à apprécier : 1° la valeur de son témoignage pour les événements où il a été acteur ou spectateur ; 2° la confiance que méritent les autorités qu'il a citées.

Nous avons reconnu quelle était la sagacité de Saint-Simon comme observateur, et avec quelle pénétration il scrutait les pensées les plus secrètes. Mais cette sagacité même a ses dangers : en cherchant à découvrir les mobiles cachés des actions humaines, l'écrivain est exposé à prendre ses inventions pour des réalités, surtout lorsqu'il

1. *Mémoires*, tome XVI, p. 241.

joint, comme notre auteur, à une imagination puissante un esprit chagrin et porté à la critique. On disait d'un jésuite renommé et contemporain de Saint-Simon :

> C'est notre père Tournemine,
> Qui croit tout ce qu'il imagine.

Saint-Simon a eu aussi ces entraînements d'imagination, cette fascination d'une idée dominante, qui atténue ou grossit les objets de manière à les défigurer.

Il était doué, au dire des contemporains, d'une mémoire puissante et tenace : il n'oubliait rien de ce qu'il avait lu. Mais, lorsque cette mémoire s'égarait et substituait un nom à un autre, elle persistait dans l'erreur avec une obstination étonnante : ainsi, il a confondu le Portugais Vasconcellos avec l'Espagnol Valenzuella, et il a répété cette erreur jusqu'à trois fois, quoiqu'il eût sous les yeux les notes qu'il avait ajoutées au *Journal de Dangeau*, et dans lesquelles Valenzuella occupe sa vraie place.

A ces erreurs involontaires, il faut en ajouter d'autres, dictées par la passion ou l'intérêt. Nous avons remarqué[1] qu'il n'a pas mis la postérité dans la confidence de sa conduite peu honorable envers la princesse des Ursins, qui le traitait en ami, et qu'il dénonçait comme criminelle.

Telle autre omission s'explique par un sentiment d'amour-propre blessé. Dans le récit de la séance du Parlement (2 septembre 1715)[2], six contemporains, dont plusieurs furent témoins oculaires, s'accordent pour raconter une discussion de Saint-Simon avec le président de Novion, où le duc et pair n'eut pas l'avantage. Les *Mémoires* n'en disent pas un seul mot.

A l'occasion de l'abbé Dubois et de la Quadruple alliance, les sentiments exprimés dans les *Mémoires* ne sont pas d'accord avec ceux que Saint-Simon professait au moment où les événements s'accomplirent, et que nous révèlent des correspondances de cette époque. A l'en

1. Ci-dessus, p. XXXIX.
2. Voyez ci-dessus, p. XLI et suivantes.

croire, il n'aurait eu pour Dubois que des sentiments de haine et de mépris[1], et se serait montré l'adversaire implacable de sa politique extérieure. Parlant du traité de la Quadruple alliance, que le futur cardinal venait de négocier à Londres, il le flétrit dans le langage le plus énergique[2] : « Traité odieux en soi, qui montroit toute notre servitude pour l'Angleterre et notre aveuglement sur nos intérêts les plus évidents, etc. » Écoutons maintenant un agent de Dubois, Théodore Chevignard de Chavigny, que l'abbé avait envoyé à Paris pour y soutenir ses intérêts auprès du Régent et du Conseil de régence, dont Saint-Simon faisait partie[3]. Chavigny venait de visiter notre auteur, un des premiers jours de mai 1718 : « J'ai réussi, écrit-il à Dubois, à rencontrer M. le duc de Saint-Simon. Je l'ai trouvé non-seulement fort de *vos amis*, mais de *vos plus zélés partisans*. De la façon dont il m'a parlé, il *adore votre besogne*[4] *et ne cesse de la prêcher à S. A. R.* Il est entré avec moi dans le détail de cette même besogne, et m'a paru fort instruit[5]. »

En admettant que Chavigny, pour flatter Dubois, ait exagéré les témoignages d'approbation, il y a dans sa correspondance bien d'autres passages qui ne permettent pas de douter des sentiments de Saint-Simon. C'est à lui que Chavigny s'adresse, de la part de Dubois, pour connaître ce qui s'est passé dans l'intérieur du Conseil de régence, à l'occasion de la Quadruple alliance, et il en ob-

1. Voyez, dans le tome XX des *Mémoires*, p. 8 et suivantes, le portrait de Dubois.

2. Addition au *Journal de Dangeau*, tome XVII, p. 336; voyez aussi le tome XIV des *Mémoires*, p. 189-190.

3. Les lettres autographes de Chavigny sont conservées aux archives des Affaires étrangères. M. Ch. Aubertin en a publié des extraits dans son livre déjà cité sur *l'Esprit public en France au dix-huitième siècle*.

4. Cette *besogne* n'était autre que le traité de la Quadruple alliance, que Saint-Simon juge si sévèrement dans ses *Mémoires*.

5. J'ai cité ces lettres dans un article de la *Revue historique* de janvier-mars 1876, intitulé : *Saint-Simon et l'abbé Dubois*. On les retrouvera, avec beaucoup d'autres lettres tirées des papiers de Dubois, dans les notes et appendices de la présente édition.

tient des communications qui attestent l'intimité de leurs relations.

Il serait facile de multiplier les preuves des erreurs que la passion a inspirées à Saint-Simon lorsqu'il parle de ses contemporains : Villars n'est qu'un fanfaron, qui a volé à ses lieutenants la gloire de Friedlingen et de Denain. Toutes les calomnies inventées contre Mme de Maintenon, par la haine et la jalousie des courtisans, sont des vérités incontestables. Vendôme n'a que des vices : Saint-Simon efface systématiquement les qualités brillantes qui rappelaient le descendant de Henri IV. Le premier président de Harlay, dont les personnages les plus illustres du dix-septième siècle, et entre autres l'abbé de Rancé, ont parlé avec vénération[1], est poursuivi par la haine de Saint-Simon, qui va jusqu'à l'accuser de scélératesse. Le maréchal de Noailles n'est pas mieux traité. En voilà plus qu'il ne faut pour prouver que l'on ne doit pas s'en rapporter aveuglément au témoignage de Saint-Simon, même lorsqu'il parle de faits et de personnages qu'il a pu connaître personnellement.

Quant aux autorités qu'il cite pour les événements où il n'a été ni acteur ni spectateur, il y en a de respectables et qui méritent toute confiance ; mais comment peut-il s'appuyer avec une aveugle crédulité sur la parole de son beau-frère Lauzun ? C'était, comme il nous l'apprend lui-même, un Gascon qui aimait à se moquer des gens ; et cependant il n'hésite pas à insérer dans ses *Mémoires* les anecdotes que Lauzun lui a racontées, lorsqu'elles flattent son imagination ou ses passions. Ainsi, c'est sur le rapport de Lauzun qu'il retrace l'arrestation, l'emprisonnement et la condamnation de Fargues[2], qui avait figuré dans les guerres de la Fronde. Les erreurs fourmillent dans ce récit; mais l'anecdote racontée par Lauzun signalait de

1. Nous citerons leurs lettres dans les appendices des *Mémoires*, tout en reconnaissant que ce premier président est très-vivement attaqué par d'autres contemporains. Le lecteur pourra apprécier la valeur des témoignages.

2. *Mémoires*, tome V, p. 58 : « M. de Lauzun, dit-il,... me l'a conté. »

prétendues iniquités commises par une famille de magistrats que Saint-Simon poursuivait de sa haine ; elle montrait en même temps avec quel ressentiment Louis XIV proscrivait les derniers débris de la Fronde. Saint-Simon a accepté ces récits sans discussion et s'est empressé d'en orner ses *Mémoires*.

C'est encore sur le témoignage de Lauzun que reposent les récits piquants relatifs à Mme de Montespan[1]. La postérité, qui, elle aussi, aime l'extraordinaire, a répété et répète comme un fait incontestable l'anecdote de Lauzun se cachant sous le lit de Mme de Montespan pour surprendre la conversation du Roi et de sa maîtresse. Il s'agissait pour ce courtisan d'obtenir la charge de grand maître de l'artillerie, qui était devenue vacante en 1669. Il échoua par l'opposition de Louvois, et fut trompé par Mme de Montespan, qui lui avait promis son appui. Il injuria et menaça la maîtresse du Roi et fit une scène violente à Louis XIV, qu'il accusa d'avoir manqué à sa parole. Enfermé à la Bastille pour cette insulte, il en sortit bientôt et obtint, en dédommagement de la grande maîtrise espérée, une charge de capitaine des gardes du corps. Telle est l'anecdote racontée par Saint-Simon. Mais, comme il résulte de documents authentiques que ce fut en 1665, et non en 1669, que Lauzun fut enfermé à la Bastille[2], et que, en 1665, il n'était question ni d'influence de Mme de Montespan, ni de vacance de la charge de grand maître de l'artillerie, tout cet édifice si ingénieusement construit par Saint-Simon, d'après les souvenirs confus ou les inventions mensongères de Lauzun, s'écroule par la base.

1. *Mémoires*, tome XX, p. 42 et suivantes.

2. Voyez les *Archives de la Bastille*, publiées par M. Fr. Ravaisson, tome II, p. 433. On a la preuve dans ce même volume (p. 451-452) que la cause de l'emprisonnement de Lauzun en 1665 fut sa conduite à l'égard de Mme de Monaco. Saint-Simon raconte (tome XX, p. 47) que Lauzun fut de nouveau enfermé à la Bastille en 1671. C'est une erreur : arrêté le 25 novembre 1671, à la suite de la rupture de son mariage avec Mademoiselle, Lauzun fut conduit directement à Pignerol.

Parmi les autorités que cite notre auteur, une des plus graves est incontestablement celle de Guillaume-François Joly de Fleury. Ce magistrat, qui devint procureur général du parlement de Paris en 1717, était du même âge que Saint-Simon. Né, comme lui, en 1675, il mourut en 1756, un an après lui. Joly de Fleury n'était pas renommé seulement pour ses connaissances juridiques : il avait recueilli de nombreux documents historiques, et ses papiers sont un des fonds les plus riches et les moins connus de la Bibliothèque nationale. Saint-Simon le cite plusieurs fois : c'est de lui qu'il tient les détails du prétendu empoisonnement de Henriette d'Angleterre, duchesse d'Orléans[1]. On y lit que la princesse était d'une *très-bonne santé*[2], tandis que, six ans avant sa mort, dès 1664 (26 septembre), le médecin Gui Patin écrivait : « Mme la duchesse d'Orléans.... est fluette, délicate, et du nombre de ceux qu'Hippocrate dit avoir du penchant à la phthisie. Les Anglois sont sujets à leur maladie de consomption, qui en est une espèce, une phthisie sèche ou un flétrissement de poumon[3]. » Mademoiselle de Montpensier, dont on ne saurait soupçonner la bonne foi quand elle parle de faits étrangers à ses passions politiques et à son amour romanesque pour Lauzun, raconte une visite que Henriette d'Angleterre fit à la reine Marie-Thérèse peu de temps avant sa mort, et l'impression qu'elle produisit : « Elle entra chez la Reine comme une *morte habillée* à qui on auroit mis du rouge, et, comme elle fut partie, tout le monde le dit, et la Reine et moi, nous nous souvînmes que nous avions dit : *Madame a la mort peinte sur le visage*[4]. » Il y

1. *Mémoires*, tome III, p. 184 : « M. Joly de Fleury, procureur général du Parlement, duquel je tiens cette anecdote. »

2. *Ibidem*, p. 182.

3. *Lettres de Gui Patin*, édition Réveillé-Parise (1846), tome III, p. 484-485.

4. *Mémoires de Mademoiselle de Montpensier*, tome IV, p. 144. Ce passage ne se trouve pas dans les anciennes éditions ; mais il est dans le manuscrit autographe de Mademoiselle, dont j'ai suivi le texte pour l'édition publiée chez Charpentier.

a loin de ce tableau à la *très-bonne santé* que Saint-Simon prête à Henriette d'Angleterre, pour mieux faire ressortir le contraste de son état florissant et de sa mort subite.

Après avoir raconté le prétendu empoisonnement, Saint-Simon ajoute que le Roi, qui avait des soupçons, finit par constater positivement le crime, et qu'il en connut les auteurs, le chevalier de Lorraine et le marquis d'Effiat. Comment admettre que Louis XIV, convaincu de la culpabilité de ces favoris du duc d'Orléans, les eût laissés triompher de leur crime et vivre paisiblement à la cour? Le témoignage de Joly de Fleury, qui n'était pas né à l'époque de la mort de la duchesse d'Orléans, ne peut prévaloir sur ceux des principaux contemporains, et particulièrement sur celui de Gui Patin. Ce médecin, qui n'est rien moins qu'un courtisan, écrivait, le 30 juillet 1670, peu de temps après la mort de Henriette d'Angleterre[1] : « Il y en a qui prétendent, par une fausse opinion, qu'elle (*Madame*) a été empoisonnée ; mais la cause de sa mort ne vient que d'un mauvais régime de vivre et de la mauvaise constitution de ses entrailles.... Il est certain que le peuple, qui aime à se plaindre et à juger de ce qu'il ne connoît pas, ne doit pas être cru en telle rencontre. » Saint-Simon est souvent « peuple » par son amour des scènes extraordinaires. D'ailleurs il trouvait une occasion de frapper en même temps le chevalier de Lorraine et le marquis d'Effiat : il n'a pas manqué de la saisir.

Le second passage des *Mémoires* où Joly de Fleury est encore pris en défaut, s'explique plus difficilement. Dangeau parle, dans son *Journal*[2], d'une protestation présentée au Parlement par le duc du Maine et le comte de Toulouse, en 1717 ; Saint-Simon, qui ne se rappelait pas cette circonstance, pria Joly de Fleury de s'assurer si la protestation était mentionnée dans les registres du Parlement. Ce magistrat lui affirma, dit-il, après vérification,

1. Cette lettre a été omise dans l'édition donnée par M. Réveillé-Parise ; mais elle est dans celle de Rotterdam (1725), tome III, p. 392.
2. Tome XVII, p. 112.

qu'il n'y avait dans les registres du Parlement aucune trace de cet acte[1]; et cependant les recherches faites de nos jours ont prouvé que le récit de Dangeau est parfaitement exact et qu'il se trouve confirmé par les registres mêmes[2].

Si le témoignage de Joly de Fleury est suspect, que dire des anecdotes racontées par la maréchale de Rochefort, par Mme de Blanzac, sa fille, et par toutes ces jeunes femmes qui entouraient la duchesse de Bourgogne? On ne peut chercher dans les récits que Saint-Simon leur emprunte qu'un écho des frivoles entretiens de la cour et de sa chronique scandaleuse[3].

La conclusion naturelle et légitime de ces critiques est la nécessité de contrôler avec soin les *Mémoires de Saint-Simon*. La plupart des lecteurs n'ont ni la patience ni même les moyens de se livrer à des recherches minutieuses pour vérifier les assertions de notre auteur. Il faut leur signaler les passages erronés ou suspects. Voilà pourquoi nous avons joint à cette nouvelle édition des notes destinées non-seulement à expliquer les difficultés du texte, mais à mettre en regard les extraits des écrivains contemporains, ou les documents encore plus authentiques, qui peuvent confirmer ou rectifier les *Mémoires*. Les opinions personnelles de l'auteur sur les questions politiques ou religieuses pourraient donner lieu à de longues discussions : nous nous en abstiendrons, en nous restreignant aux questions de fait, qui sont déjà très-compliquées, et souvent très-difficiles à élucider.

Les critiques les plus justes n'empêcheront pas, je le sais, Saint-Simon d'être considéré par la plupart de

1. *Mémoires*, tome XIV, p. 338-339.

2. *Journal de Dangeau*, tome XVIII, *Appendice*, p. 407 et suivantes; les pièces y sont imprimées intégralement.

3. Pour tous les détails, qui seraient infinis, nous ne pouvons que renvoyer aux notes jointes à la présente édition. Il suffit d'avoir prouvé, par quelques exemples, que le témoignage personnel de Saint-Simon exige un contrôle sévère, et que les autorités sur lesquelles il s'appuie ne sont pas toujours inattaquables.

ses lecteurs comme le peintre le plus vrai du siècle de Louis XIV. Charmé par un style original et pittoresque, dominé par cette honnêteté indignée qui cache souvent des sentiments haineux, séduit par une malignité trop attrayante pour le commun des hommes, on admire la vigueur des portraits, la vivacité dramatique des narrations, une connaissance profonde du cœur humain et des misères morales, le piquant des anecdotes, et, tout en riant des querelles pour le bonnet et des prétentions aristocratiques de Saint-Simon, on finit par se laisser pénétrer des passions de l'historien et par accepter jusqu'à ses erreurs. Il est donc nécessaire de signaler les passages suspects et de les discuter avec impartialité. C'est ce que nous avons cherché à faire dans cette notice, et en général dans cette nouvelle édition des *Mémoires*, où une grande partie des notes a pour but d'indiquer les points sur lesquels l'auteur est contredit ou justifié par les documents contemporains.

A. Chéruel.

APPENDICES

I. — Voyez pages VI et XIII.

CLAUDE DE SAINT-SIMON PENDANT LA FRONDE.

D'après Saint-Simon, son père serait resté, pendant la Fronde, fidèle à la cause royale. Les lettres autographes de Claude de Saint-Simon[1] prouvent, au contraire, qu'il s'efforça, de concert avec Chavigny, de renverser Mazarin et de livrer le pouvoir à la faction des Princes, dont Condé était le chef. Le 18 mars 1649, Claude de Saint-Simon, qui était alors à Blaye, écrivait à Chavigny : « Si les affaires de Paris s'accommodent[2] et que celles de cette province me permettent de la quitter, je fais état d'en partir pour la cour soudain que je le pourrai. J'aurai l'honneur de vous voir, sans faillir, afin que, si vous avez quelque chose à commander à un serviteur fort passionné[3], vous le puissiez, si le grand bien tant desiré arrive. » Chavigny était alors en Champagne, et Saint-Simon ne put le visiter en se rendant à Paris ; il lui en exprima son regret dans une lettre datée du 22 juin 1649 : « Vous honorant au point que je fais, je ne veux perdre aucune sorte d'occasion de vous rendre mes services, et croyez, s'il vous plaît, qu'il y a en moi pour vous une passion bien fidèle, étant fort attaché à tous vos intérêts. » Et plus loin : « J'ai tout accès auprès de Monsieur le Prince[4], et je suis en possession de lui parler fort librement de tout. Le temps où nous sommes me fera prendre encore plus de liberté, et, s'il y a quelque chose à lui dire qui vous regarde, ou autrement, préférez-moi à tout autre. Je vous promets grand secret ; je brûle les billets, si vous n'aimez mieux

1. Ces lettres sont conservées aux archives des Affaires étrangères.
2. La première guerre civile de la Fronde fut terminée vers cette époque, par la paix de Rueil.
3. On lit dans les *Mémoires de Saint-Simon* que son père trouvait Chavigny *trop vil* pour le provoquer. Il se dit ici, dans une lettre autographe, le *serviteur fort passionné* de Chavigny.
4. Louis II de Bourbon-Condé, dont la première femme de Claude de Saint-Simon, Diane-Henriette de Budos, était parente.

que je les renvoie. Si vous avez agréable de m'envoyer un chiffre pour parler du monde sans nommer, cela me sembleroit bien. En un mot, je vous conjure d'ordonner franchement, sur le fondement que si j'avois l'honneur d'être votre propre frère, je ne pourrois pas être à vous plus passionnément que j'y suis. »

Il est impossible de n'être pas frappé de la force de ces expressions, qui contrastent si vivement avec les assertions des *Mémoires*. Claude de Saint-Simon, le *frère*, l'ami dévoué, *passionné*, de Chavigny, qui, au dire des *Mémoires*, lui aurait volé la charge de grand écuyer et n'aurait été à ses yeux qu'un méprisable adversaire ! Ce n'est pas la seule contradiction : d'après les *Mémoires*, le duc se tenait paisiblement à Blaye, loin de toutes les intrigues de la Fronde ; la correspondance, au contraire, nous le montre arrivant, au mois d'août 1649, à Compiègne, où se tenait la cour. Sous quel prétexte un gouverneur de place forte avait-il quitté son poste, dans un temps où la Guyenne était aussi agitée, où le parlement de Bordeaux était en lutte avec le duc d'Épernon, gouverneur de la province? On s'en étonne d'autant plus que la cour lui avait envoyé les munitions qu'il demandait. « M. de Saint-Simon, écrivait Mazarin dans son carnet de 1648 [1], lui donnant satisfaction sur ce qu'il demande pour mettre sa place en bon état, s'y est allé pour servir et mettre le parlement et la ville de Bordeaux à la raison, en cas qu'il ne se range [2] à son devoir et abuse des bontés de Leurs Majestés. » Et plus loin, en 1649 [3] : « Au lieu de trois milliers de poudre, M. de Saint-Aoust en peut tirer encore dix à douze et [les] faire embarquer à Saint-Valery, qu'on pourra donner à M. de Saint-Simon pour Blaye. »

Claude de Saint-Simon trouva à Compiègne une ample matière aux intrigues politiques, et il s'y plongea tout entier. Le prince de Condé, qui venait de réduire Paris à demander la paix, affichait avec éclat les plus hautes prétentions : il se plaignait de l'ingratitude de la Reine et de son ministre. Mazarin, menacé par ce redoutable adversaire, cherchait des auxiliaires pour lui tenir tête ; il se rapprochait secrètement de la vieille Fronde, et gagnait par des pensions les duchesses de Montbazon et de Chevreuse. Il préparait, en même temps, l'union d'une de ses nièces avec le duc de Mercœur, frère du duc de Beaufort. Ces intrigues n'échappèrent pas à l'œil exercé de Claude de Saint-Simon. Il en rendit compte à Chavigny, dans une lettre du 14 août 1649 : « J'ai différé à vous écrire de ce monde ici, à cause que les choses m'y paroissent assez incertaines et obscures pour embarrasser un gazetier qui veut être fidèle et assuré. La résolution est prise, il y a

1. Carnet XII, p. 97. Les *Carnets de Mazarin* forment quinze volumes in-16, conservés à la Bibliothèque nationale. Victor Cousin en a fait souvent usage dans ses études sur le dix-septième siècle.

2. Le pronom et le verbe sont bien au singulier, se rapportant à *parlement*.

3. Carnet XIII, p. 35. Ce passage est de la main de Lyonne.

déjà quelques jours, de remener le Roi à Paris[1]. Ce n'a pas été sans peine que l'on y a fait consentir les plus intéressés, Monsieur le Prince ayant employé toute sa force pour le persuader. C'est mercredi ou jeudi, sans faute, le jour du départ, par le chemin de Senlis. L'on travaille encore pour faire venir M. de Beaufort; Mmes de Montbazon et de Chevreuse sont parties pour faire les derniers efforts. Je tiens qu'ils ne seront pas inutiles, et qu'il se laissera vaincre à la fin par les dames. La première a obtenu l'abbaye de Vendôme pour son fils, du prix de six mille écus de rente. L'autre a été très-bien reçue et caressée de toute la cour, jusqu'au point que l'on croit dessein d'alliance de la fille[2] avec le sieur Mancini[3]; mais l'âge est fort disproportionné, et la fille y témoigne grande aversion.... Madame la Princesse[4] est arrivée depuis deux jours, fort caressée en toutes manières. Le Roi et la Reine furent au-devant d'elle.... La famille [de Condé] se réunit fort, et par le mouvement du chef. »

Il y avait donc en présence deux partis, qui préludaient, par des luttes secrètes, à une guerre déclarée : d'un côté, Mazarin, soutenu par la reine Anne d'Autriche, s'alliait sourdement avec le Parlement, les Vendôme et la vieille Fronde; et de l'autre, le prince de Condé, le vainqueur de Rocroy, de Fribourg, de Nordlingen et de Lens, entouré de la jeune et brillante noblesse qu'on appelait, non sans ironie, les *petits-maîtres*, prétendait au pouvoir et attaquait hautement le ministre. Ce fut à ce dernier parti que se rattacha Claude de Saint-Simon. Il crut trouver dans Chavigny, formé à l'école de Richelieu, l'homme politique qui pourrait guider et éclairer le jeune et impétueux prince. Chavigny affectait, comme tous les ambitieux, un dédain philosophique pour les grandeurs; dans une lettre du 6 septembre 1649[5], Claude de Saint-Simon fait allusion à ces sentiments et ne craint pas d'attaquer ouvertement Mazarin : « Vous êtes à souhait dans la famille de Monsieur le Prince, écrivait-il à Chavigny, et, si leurs desirs étoient suivis, vous seriez où vous méritez, *dans la place où je vous souhaiterai toujours*. Cela est importuner un philosophe, mais je n'ai pu m'en retenir. La plus grande nouvelle est le mariage de M. de Mercœur, conclu et arrêté avec la nièce aînée de Monsieur le Cardinal[6]. Ce n'est pas une bagatelle, et vous l'avez toujours jugée chose importante. Aussi est-elle ressentie assez vivement

1. La cour rentra, en effet, à Paris, le 18 août 1649.

2. Charlotte de Lorraine, fille de la duchesse de Chevreuse.

3. Neveu du cardinal Mazarin.

4. Il y avait alors deux princesses de Condé : Charlotte de Montmorency, veuve de Henri II de Bourbon, prince de Condé, et Claire-Clémence de Maillé-Brezé, femme de Louis II de Bourbon. Je pense que Claude de Saint-Simon veut parler de la première, qui avait beaucoup plus de crédit que la seconde.

5. Les noms propres sont indiqués par des chiffres dans cette lettre, mais les chiffres ont été traduits.

6. Louis de Vendôme, duc de Mercœur, épousa, en effet, dans la suite, Laura Mancini, l'aînée des nièces de Mazarin.

par Monsieur le Prince...; il en est très-piqué, ayant fait entendre, il y a quelque temps, nettement son aversion à cette affaire.... M. le cardinal Mazarin est découvert pour le moindre des hommes, avec toutes ses mauvaises qualités découvertes à un chacun, et il est méprisé au dernier degré [1]. Les plus sages sont persuadés de sa perte par diverses raisons. Cela va au moins ou au plus de temps. Les tireurs d'horoscopes sont fort de cet avis.... »

Il n'est pas inutile de citer un autre passage de la même lettre. On y verra que l'auteur des *Mémoires* tenait de son père ses hautes prétentions comme duc et pair et son esprit de lutte contre les princes étrangers qui aspiraient à un rang supérieur. « Les ducs et pairs, écrivait Claude de Saint-Simon à Chavigny, se sont assemblés pour faire leurs oppositions contre les nouveaux princes prétendus. M. le duc de Schonberg et moi sommes les députés pour remontrer à la Reine et à Messieurs les ministres les intérêts du corps. Cela est déjà fait ; nous avons été reçus et écoutés favorablement. La réponse est de même, hormis de Monsieur le Prince, qui se trouve engagé pour M. de Bouillon ; mais il s'est déclaré pour nous contre les autres, hautement, qui sont M. de la Trémoille et le soi-disant roi d'Angleterre [2]. Nous portons cette affaire fort hautement [3]. Tous les officiers de la couronne, comme aussi la noblesse, s'intéressent avec nous en cette affaire, qui nous touche vivement à l'honneur et à tout. Nous faisons grande union et résolution afin de ne pas endurer cette injure.... »

Mais ce n'était là qu'une affaire secondaire pour Claude de Saint-Simon ; la question capitale était le changement de ministère. Le parti de Chavigny, que le duc avait embrassé, poussait Condé à rompre avec Mazarin. Le prétexte fut le refus du gouvernement de Pont-de-l'Arche, que demandait le duc de Longueville, soutenu par son beau-frère. La Reine ne voulut pas le lui accorder, et Condé, s'en prenant à Mazarin, lui adressa, en le quittant, cette déclaration de guerre ironique : « Adieu Mars ! » Claude de Saint-Simon se hâta d'avertir Chavigny de la rupture. Mazarin n'était pas encore prêt pour la lutte : il voulait l'ajourner et endormir son ennemi, avant de frapper un coup décisif. Il eut recours au favori du duc d'Orléans, l'abbé de la Rivière, pour obtenir que ce prince interposât son autorité et apaisât les discordes qui troublaient la cour. L'abbé se montra fort exigeant, et alla jusqu'à demander l'archevêché de Reims, qui donnait le premier rang entre les pairs ecclésiastiques du Royaume. Mazarin, irrité, écrivait sur ses carnets [4] : « La

1. Cette haine de Claude de Saint-Simon contre Mazarin, il l'a transmise à son fils, qui ne laisse échapper aucune occasion d'attaquer et de déchirer le cardinal dans ses *Mémoires*.

2. Charles Stuart, qui régna plus tard sous le nom de Charles II. Il était alors réfugié en France.

3. Ces formes de langage se retrouvent souvent dans les *Mémoires*.

4. Carnet XIII, p. 2-4.

Rivière est *insoffrable* (sic), se conduit le plus désobligeamment du monde, n'aime rien. Tout doit servir à son contentement et avantage ; point de probité, vérité et amitié. C'est une masse de timidité : celui qui le fait plus craindre a plus de pouvoir sur lui et en dispose mieux. Cette timidité le fait avoir toujours mille égards ; craint Monsieur le Prince, et il le veut contenter ; craint le parti contraire, et travaille à sa satisfaction, sans s'apercevoir qu'il est impossible [de] faire deux choses de diamètres contraires[1] ; mais sa peur l'empêche de le voir. Il est persuadé que tout doit être sacrifié pour son cardinalat..., et n'entend rien faire que son maître n'applaudisse à tout ce qu'il dit, et [est] persuadé que chacun en doit faire de même ; il est altier au point que personne [ne] veut avoir affaire à lui. Ce matin, [il] est venu me prier de demander à la Reine l'archevêché de Reims pour lui, avec des exagérations et sa rhétorique ordinaire, et, dans le discours, m'a dit qu'il n'étoit ni ambitieux ni intéressé.... Il a cent cinquante mille livres de rente, il a deux millions d'argent comptant..., demande l'archevêché de Reims, qui est la plus belle dignité et la première qui soit en France, tenue par des grands princes et cardinaux ; c'est le premier duché, sacre le Roi, a séance dans le Parlement, vaut trente mille livres de rente, et il est admirable que, dans le même temps qu'il en fait instance, [il] exagère qu'il n'est ni intéressé ni ambitieux. Et néanmoins, avec cela, il faut dissimuler, et, pour sauver le tout, il faut le contenter ; car autrement, S. A. R. (Gaston d'Orléans) prendroit des mauvaises résolutions, tant est grand l'ascendant que ledit abbé a sur lui ! »

Après avoir exhalé sa mauvaise humeur dans ce curieux passage de ses carnets, Mazarin finit par acheter l'appui de l'abbé de la Rivière auprès du duc d'Orléans. Ce prince intervint pour que Condé se déclarât satisfait de l'humiliation du Cardinal, qui s'engagea par écrit à prendre l'avis de Condé en toute circonstance[2]. Le duc de Longueville obtint le gouvernement de Pont-de-l'Arche ; le prince de Conti, frère de Condé, eut la promesse du cardinalat ; enfin Mazarin annonça l'intention de mettre sa nièce Laura Mancini dans un couvent. Après avoir subi ces conditions humiliantes, le Cardinal alla prendre part, avec le duc d'Orléans, à un repas donné par Condé, repas qui devait consacrer la réconciliation, mais où les insultes des petits-maîtres rendirent encore plus amers les affronts que Mazarin était forcé de dévorer en silence[3].

Claude de Saint-Simon suivit toutes ces péripéties avec la curiosité avide d'un courtisan qui soupire après le triomphe de sa cabale. Ne croyant pas à la sincérité de la réconciliation, il écrivit, le 17 septem-

1. Il y a, dans l'original, *diamètre* au singulier et *contraires* au pluriel : faut-il ajouter un *s* au premier mot ou retrancher celui du second ?

2. Cette déclaration se trouve dans les *Mémoires de Pierre Lenet* (p. 204 et 205). L'original autographe est conservé aux Archives nationales et exposé dans les vitrines du musée de cet établissement, n° 843.

3. Voyez les *Mémoires de Pierre Lenet*, p. 198.

bre, « bien tard, » la lettre suivante : « L'accommodement s'est fait hier, et [a] été déclaré aujourd'hui par M. le duc d'Orléans. Le Pont-de-l'Arche est accordé. Monsieur le Prince en a remercié ce matin la Reine et lui a fait de nouvelles protestations de service et d'obéissance, assurant Sa Majesté qu'il n'auroit pas moins été ferme et fidèle dans son devoir, quand bien il n'auroit pas reçu cette grâce de sa bonté.... Monsieur ensuite a commandé à Monsieur le Prince de lui donner à souper, et ensuite il a fait entendre qu'il y mèneroit M. le cardinal, et, à l'heure que je tiens la plume, ils sont à table, avec peu d'allégresse. C'est une réconciliation en apparence, dont beaucoup de gens sont présentement fort en peine; mais je puis vous assurer qu'elle n'est point cordiale du côté du faubourg[1]. M. le cardinal Mazarin est entamé, et sa ruine est résolue d'une façon qu'il faudra des miracles pour sa conservation. Ce sera doucement, sans employer aucun moyen violent. Faites votre compte là-dessus; vous êtes fort sur le tapis et très-fort dans le cœur de toute la maison de Monsieur le Prince. Je n'oublierai aucune chose pour vous rendre toutes sortes de services. Vous devez écrire à Monsieur le Prince, sur cette occasion, une lettre pleine d'affection et d'espérance que ses soins et sa conduite remettront l'État dans le bonheur, et vous y pouvez ajouter des conseils. J'offre de rendre la lettre, et si vous en voulez dire davantage dans la mienne, je la puis bien faire voir. Ma passion pour votre service est sans réserve; ordonnez franchement. Le raccommodement fera quelques dupes. »

Chavigny suivit le conseil de Claude de Saint-Simon : il écrivit à Condé, et sa lettre fut reçue avec une bienveillance qui l'engagea à se rapprocher de Paris. Il y fit même des excursions, à en juger par les notes confidentielles de Mazarin, qui surveillait de près ses démarches. « On m'assure, lit-on dans les carnets[2], que M. de Chavigny a été deux jours à Paris et qu'il a vu Monsieur le Prince; » et plus loin : « Chavigny reçoit le monde avec grande parade, a vu Monsieur le Prince. »

Cet ancien ministre aurait voulu ménager la vieille Fronde, Paul de Gondi, Beaufort, le Parlement, et s'en servir contre Mazarin. Mais Condé et les petits-maîtres affectaient de mépriser les gens de robe, et, dans leur infatuation, ils se croyaient assez forts pour triompher du ministre et des anciens frondeurs. Saint-Simon n'était que leur écho lorsqu'il écrivait à Chavigny, le 27 novembre : « L'on vous conseille de fréquenter le moins que vous le pourrez le pape des frondeurs[3] ni les autres de cette nature. »

Saint-Simon ne se bornait pas à ces intrigues de cour. S'autorisant

1. C'est-à-dire du côté du prince de Condé, dont l'hôtel était situé dans le faubourg Saint-Germain. Sur l'emplacement de l'hôtel de Condé, on a bâti le théâtre et ouvert la rue de l'Odéon.

2. Carnet XIII, p. 18 et 43.

3. Ces mots ne peuvent désigner que le coadjuteur de l'archevêque de Paris, François-Paul de Gondi, qui devint cardinal de Retz.

de la faveur du prince de Condé, il écrivait à un des membres influents du parlement de Bordeaux, de la Vie, pour l'exciter contre le duc d'Épernon. Mazarin n'ignorait pas la conduite du gouverneur de Blaye; il la notait sur ses carnets[1] : « Il est fâcheux que Saint-Simon dise qu'il perdra M. d'Épernon et que Monsieur le Prince n'en démordra pas; que les lettres que ledit Saint-Simon écrit à la Vie, les autorisant de Monsieur le Prince, empêchent l'accommodement, le faisant espérer toujours plus avantageux pour le Parlement, et avec des mortifications pour M. d'Épernon. »

Mazarin, qui suivait ainsi d'un œil attentif toutes les intrigues, attendit patiemment que les fautes de Condé l'eussent compromis, pendant que lui-même, fidèle à sa politique, s'assurait de plus en plus de la vieille Fronde et du duc d'Orléans. Il était parvenu à gagner le duc de Beaufort[2], et avec lui le peuple de Paris. Lorsque enfin il crut le moment arrivé de frapper un coup décisif, il fit arrêter, le 18 janvier 1650, le prince de Condé, son frère le prince de Conti et son beau-frère le duc de Longueville. Claude de Saint-Simon s'enfuit précipitamment à Blaye, sous prétexte de mettre cette place en état de résister au parti des Princes, et, de là, il écrivit à Mazarin pour protester de son dévouement à la cause royale. Le cardinal lui répondit avec une ironie qui prouvait qu'il n'était pas dupe de son zèle[3]; mais, en même temps, il lui déclarait qu'il avait transmis à la Reine les assurances de sa fidélité, et que cette princesse les avait reçues avec une entière confiance. Par cette dissimulation, il empêcha le gouverneur de Blaye de se jeter dans le parti des Princes.

En résumé, la correspondance de Claude de Saint-Simon prouve jusqu'à l'évidence que, bien loin de considérer Chavigny comme son ennemi, il lui témoignait un dévouement *passionné*, pour me servir de son expression. Comment expliquer alors les accusations dont il poursuivit ce ministre, et que son fils a reproduites dans les *Mémoires?* L'hypothèse suivante me paraît probable : Chavigny mourut en 1652, et ses papiers furent remis à Mazarin; ils font encore aujourd'hui partie des recueils manuscrits du cardinal. Celui-ci put y lire les sentiments hostiles que Claude de Saint-Simon exprimait à son égard, et il le laissa dans une sorte d'exil à Blaye[4]. Il est probable que Claude de Saint-Simon, con-

1. Carnet XIII, p. 74.

2. « La moindre chose qu'il promet dans cette liaison d'amitié, écrivait Mazarin (Carnet XIII, p. 16-17), c'est de calmer le Royaume et de mettre aux pieds de la Reine les parlements et les peuples, et de faire avoir autant d'amour pour moi qu'on a de haine (*ou* de peine). »

3. Voyez ci-dessus, p. VII.

4. Claude de Saint-Simon rentra en faveur sous Louis XIV. Il obtint de ce roi, par lettre du 18 janvier 1685, un terrain à Versailles, pour y bâtir un hôtel. Il transmit cet hôtel à son fils, qui le posséda jusqu'à sa mort. Il était

naissant la cause des dispositions peu favorables du cardinal à son égard, crut que Chavigny avait livré ses lettres, et conçut contre celui qui avait été son ami des sentiments de haine qu'il transmit à son fils.

II. — Voyez page LII.

LETTRES INÉDITES DE LOUIS DE SAINT-SIMON.

M. Jules Desnoyers, membre de l'Institut, possède, comme nous l'avons dit (p. LII), beaucoup de documents diplomatiques relatifs aux ambassades de Saint-Simon et de Maulévrier en Espagne. Il se propose d'en faire une publication, qui aura un grand intérêt pour l'histoire. En attendant, il a bien voulu nous communiquer trois billets inédits de Saint-Simon à Dubois et au duc d'Orléans. Ces pièces n'ont aucun caractère diplomatique; mais elles font connaître la nature des relations de Saint-Simon avec le Régent et avec son principal ministre. Dès le lendemain de son départ pour l'Espagne, Saint-Simon écrit au cardinal Dubois un billet amical, où il lui exprime son dévouement. Avec le duc d'Orléans, son langage n'a rien d'officiel; il est presque familier, comme le permettaient d'anciennes et intimes relations. La première lettre au Régent est datée de Madrid, deux jours après l'arrivée de Saint-Simon dans cette ville. La seconde est un peu postérieure, et parle d'un bal où assista l'ambassadeur. Sa réputation de danseur, dont nous avons parlé (p. LIV), était connue à la cour de Madrid, et il fut forcé de la justifier, sur les instances du roi et de la reine d'Espagne. Il le raconte dans ses *Mémoires*[1]; mais la lettre est plus explicite.

Voici ces trois billets, d'après les copies du temps, que M. Desnoyers m'a autorisé à transcrire et à publier.

AU CARDINAL DUBOIS.

« D'Orléans, ce 24 octobre 1721,
à 5 heures du matin.

« Je reçois, en partant d'ici, l'honneur de la lettre de Votre Éminence, avec les deux lettres de Son Altesse Royale au prince des Asturies et les deux copies d'icelles, qui ne diffèrent que sur le cérémonial. Je

situé sur l'avenue de Saint-Cloud, et porte aujourd'hui le n° 38. (Le Roi. *Histoire des rues de Versailles*, p. 235.)

1. Tome XVIII, p. 312.

n'oublierai rien pour faire passer, sans rien forcer, celle qui convient la (*sic*) plus à la dignité de Son Altesse Royale, et je desirerois avoir autant d'adresse pour exécuter à votre gré tout ce que vous me prescrirez, que j'ai d'empressement de marquer à Votre Éminence combien je lui suis parfaitement attaché.

« LE DUC DE SAINT-SIMON. »

AU DUC D'ORLÉANS.

« De Madrid, ce 24 novembre 1721.

« C'est seulement, Monseigneur, pour ne me pas laisser oublier personnellement à Votre Altesse Royale et n'être pas étouffé[1] dans son esprit sous le poids de l'ambassade, et me donner l'honneur de lui écrire autrement qu'en ambassadeur; c'est à ce titre de particulier et de serviteur que j'aurai l'honneur de dire à Votre Altesse Royale qu'elle se peut vanter d'avoir choisi pour le Roi la plus jolie maîtresse de l'Europe, et qu'elle doit prendre pour vrai tout ce qu'elle verra de l'Infante[2] dans ma dépêche à Sa Majesté.

« A vous parler net, ce *voyage de Lerma* [3] me désespère; il faut faire bonne mine à mauvais jeu. J'en tirerai au moins ce parti, qu'ayant dix-sept jours à ne pouvoir approcher de Leurs Majestés Catholiques, qui seront tout ce temps en route avec une très-légère suite, à cause de la difficulté extrême des logements, je me donnerai carrière à satisfaire ici ma curiosité, où je n'ai encore vu chose quelconque, et aux maisons royales voisines, à Tolède et à l'Escurial, et je serai à Lerma à l'arrivée de la cour. N'y laissez pas, s'il vous plaît, m'y[4] morfondre la tête, ni après pourrir votre serviteur, qui vous aime mieux que tous les[5]....

1. La copie porte *touffé*, et un peu plus loin, *sous le pieds*, pour *sous le poids*.

2. Marie-Anne-Victoire, fille de Philippe V et d'Élisabeth Farnèse. Le but de l'ambassade de Saint-Simon était de la demander en mariage pour Louis XV.

3. Ces mots sont soulignés dans le manuscrit. Le voyage était arrêté avant l'arrivée de Saint-Simon; dès le 17 novembre, Maulévrier écrivait au cardinal Dubois : « Le roi d'Espagne déclara hier qu'il partiroit de Madrid, avec la cour, le 25, pour mener l'Infante à Lerma. » (Collection de M. Desnoyers.) Le château de Lerma était situé dans la Vieille-Castille. Saint-Simon a raconté dans ses *Mémoires* (tome XVIII, p. 344 et suivantes) le voyage qu'il fit à Lerma.

4. Il y a *m'y* dans la copie. Faut-il lire *s'y*, ou, au commencement de la phrase : *ne m'y*?

5. La copie porte *rigcurs*, qui ne présente pas de sens. Ne serait-ce pas un mot espagnol mal lu par le copiste : *regocijos*, réjouissances?

d'Espagne, et qui, pour parler plus sérieusement, est à Votre Altesse Royale avec le respect et le dévouement le plus entier.

« LE DUC DE SAINT-SIMON. »

AU DUC D'ORLÉANS.

« De Madrid, 28 novembre 1721.

« Je ne puis laisser partir ce courrier, Monseigneur, sans vous importuner de mon griffonnage et dire à Votre Altesse Royale que je crois qu'elle eût été passablement aise de voir *Son Excellence Trépudiante*[1] *disputer les menuets à chaque fois*[2], et bien plus encore les contredanses, et y être retourné et reviré comme un ballon[3]; mais le roi d'Espagne et la reine surtout le vouloient ainsi, sur les beaux contes de Mme de Robecque[4]; et que ne fait-on pas pour plaire et pour se mettre à l'abri des rhumes une bonne fois pour toutes, jusqu'à s'exposer à la pleurésie avec trois cents livres de dorures sur le corps? J'aurai l'honneur de vous dire que je suis presque mort de compliments, de veilles, d'attentions et d'écritures, et que, si vous ne me guérissez et ne me rappeliez[5] incontinent après, Votre Altesse Royale perdra un *serviteur très-fidèle et le décan*[6] *de ses serviteurs*[7].

« J'ai eu une étrange inquiétude de mon fils[8], qui a été mal. Dieu

1. Probablement du latin *tripudiare*, danser.

2. Ces mots sont soulignés dans le manuscrit.

3. Les *Mémoires* (tome XVIII, p. 312) expliquent ce mouvement des danses espagnoles : « On se mêle, et, suivant l'ordre de la contredanse, chacune se trouve danser avec tout ce qui danse, l'un après l'autre, et se retrouve au bout avec son meneur. »

4. La princesse de Robecque était fille de Philippe-Emmanuel-Ferdinand de Croy, comte de Solre, et de Marie-Françoise de Bournonville. Elle avait épousé, en 1714, Charles de Montmorency, prince de Robecque, et était dame du palais de la reine d'Espagne. Saint-Simon dit, dans ses *Mémoires* (tome XVIII, p. 311 et 312) : « Nous avions autrefois fort dansé ensemble.... Elle vint me prendre à danser par une belle révérence, en riant. Je la lui rendis, en lui disant qu'elle se moquoit de moi : dispute, galanteries; enfin elle fut à la reine, qui m'appela, et qui me dit que le roi et elle vouloient que je dansasse.... Tous deux me prièrent, tâchèrent de me persuader que je dansois fort bien, enfin commandèrent, et de façon qu'il fallut obéir. »

5. La copie porte bien ainsi : *rappeliez*.

6. Le doyen, le plus ancien de ses serviteurs; du latin *decanus*, d'où l'ancien terme *décaniser*, faire les fonctions de doyen.

7. Ces mots sont soulignés dans le manuscrit.

8. Le fils aîné de Saint-Simon, marquis de Ruffec, était tombé malade en route et resté à Burgos.

merci, il est sans fièvre depuis quelques jours, mais je ne l'appris que par un exprès qui arriva hier au soir. Je ne laisserai pas cependant d'abréger mes curiosités, pour le voir un peu avant l'arrivée de cette cour à Lerma.

« Vos bontés, Monseigneur, pardonneront ce détail à l'homme du monde qui vous est le plus respectueusement et, s'il osoit dire, le plus[1] attaché.

« Le duc de Saint-Simon. »

1. Tel est le texte du manuscrit. Il semble qu'il faudrait un adverbe après *le plus*, comme *le plus affectueusement attaché*.

TABLE

I. Famille et éducation de Louis de Saint-Simon. . . I-XVIII

II. Saint-Simon dans les camps et à la cour de Louis XIV. . . . . XIX-XXXII

III. Rôle de Saint-Simon jusqu'à la mort de Louis XIV. XXXIII-XXXIX

IV. Rôle de Saint-Simon pendant la régence du duc d'Orléans . . . . XL-LVI

V. Vie privée et mort de Saint-Simon . . . . LVII-LXXIII

VI. Composition des *Mémoires*. . . . . LXXIV-LXXXIX

VII. Valeur historique des *Mémoires* . . . . XC-XCVIII

Appendices :

I. Claude de Saint-Simon pendant la Fronde . . . . . XCIX-CVI

II. Lettres inédites de Louis de Saint-Simon. . . . . . CVI-CIX

17326. — Typographie Lahure, rue de Fleurus, 9, à Paris.

www.ingramcontent.com/pod-product-compliance
Ingram Content Group UK Ltd.
Pitfield, Milton Keynes, MK11 3LW, UK
UKHW020921180726
13838UKWH00002B/682

9 782329 163406